全国普法宣传教育推荐读本

突发公共卫生事件
法律知识读本

以案释法版

中国法制出版社
CHINA LEGAL PUBLISHING HOUSE

图书在版编目 (CIP) 数据

突发公共卫生事件法律知识读本 / 中国法制出版社编著. —北京：中国法制出版社，2020.10

ISBN 978-7-5216-1244-8

Ⅰ. ①突… Ⅱ. ①中… Ⅲ. ①公共卫生－突发事件－卫生管理－法规－案例－中国 Ⅳ. ① D922.165

中国版本图书馆 CIP 数据核字（2020）第 159776 号

责任编辑：程　思　　封面设计：杨泽江

突发公共卫生事件法律知识读本

TUFA GONGGONG WEISHENG SHIJIAN FALÜ ZHISHI DUBEN

编著 / 中国法制出版社

经销 / 新华书店

印刷 / 北京海纳百川印刷有限公司

开本 / 710 毫米 ×1000 毫米　16 开　　印张 / 14　字数 / 203 千

版次 / 2020 年 10 月第 1 版　　2020 年 10 月第 1 次印刷

中国法制出版社出版

书号 ISBN 978-7-5216-1244-8　　定价：45.00 元

北京西单横二条 2 号　邮政编码 100031　　传真：010-66031119

网址：http://www.zgfzs.com　　**编辑部电话：010-66066620**

市场营销部电话：010-66033393　　**邮购部电话：010-66033288**

（如有印装质量问题，请与本社印务部联系调换。电话：010-66032926）

前言 PREFACE

2020年，一场突如其来的新型冠装病毒肺炎（以下简称新冠肺炎）席卷全球，给全球突发公共卫生事件的应对处理提出了巨大挑战。中国作为抗击新冠肺炎的第一战场，在应对此次新冠肺炎中贡献了自己的经验和智慧。

在打赢这场新冠肺炎疫情的人民战争中，从中央到地方各级政府、应急管理部门、疾控部门、街道组织、村委会组织以及个人，齐心协力、众志成城。我们坚守全国一盘棋，采取了最为全面、严格、彻底的防控措施，同疫情展开顽强斗争，使得防疫形势持续向好，经济社会发展稳步向前。但是，疫情过后，我们必须认真审视，总结经验，尤其是作为机关单位的工作人员，必须深刻反思，究竟应当如何更快、更有效地启动应急预案，采取应急措施，提高应对突发公共卫生事件应急处理能力，最大限度地维护公众健康、经济发展、社会稳定。

事实上，面对紧急性、突发性、不确定性并存的突发公共卫生事件，自2003年突发SARS疫情后，国家就建立了相对完善的应急管理体系，先后发布了《突发公共卫生事件应急条例》《国家突发公共事件总体应急预案》《突发事件应对法》等一系列法律法规、规范性文件，为应对突发事件提供了具有专业性、针对性的指导。

随着我国进入经济社会发展的转型关键期，各种社会风险和新问题日渐增加，突发公共卫生事件中也会出现一些复杂的，甚至不可预见性的问题，这就要求我们在面对突发公共卫生事件时，不但要反应敏捷、行动迅速，还要在法律框架内高效应对。因此，我们特意编写了本书，希望能给广大人民，特别是奋战在突发公共事件一线的工作人员带来些许指导和帮助。本书具有以下特色：

第一，专业性。我们在编写本书的过程中，专门吸收了对突发公共卫生事件应急管理机制进行过理论与实践调研的专家、学者的意见，集百家之所长，融百家之所思，相信一定能让大家开卷有益、受益匪浅。

第二，全面性。我们在编写本书之前，最大程度地汇集整理了突发公共卫生事件相关的法律法规，然后结合新冠肺炎疫情的各种热点问题、热点事件、热点评论等，举一反三，将一件件法律法规的内容要求，贯穿融入一桩桩事件中去。

全书以传染病的预防和防治为切入点，结合我国《传染病防治法》《突发公共卫生事件应急条例》等相关法律，以案例的形式介绍了传染病防治、野生动物保护和环境保护等法律知识，继而阐述如何对突发公共卫生事件进行处理，包括事件的上报、疫情的监测与管控、应急处置与救援，各项保障措施的落实、事态稳定后的评估与重建，以及各组织单位所应承担的监督管理责任等。本书内容相当全面，大家可以根据自身需求进行学习。

第三，通俗性。“深入浅出，通俗易懂”是我们在传播法律知识的过程中一贯奉行的准则。在本书中，我们首先用案例引出大家在工作或生活中可能遇到的疑惑，然后通过依法分析的方式，将法律知识娓娓道来，力争用最通俗易懂的语言把每一个法律知识点都讲解清楚。相信大家一定能看得懂。

生命重于泰山，疫情就是命令，防控就是责任。如何更好地应对突发公共卫生事件，为有关组织和部门抛砖引玉，为万千百姓保驾护航，我们会一直努力，永远在路上。

对于书中存在的各种不足，敬请亲爱的读者批评指正！

本书编委会

目录 CONTENTS

第二章 突发公共卫生事件处理

第三章 医疗救治与管理

第一章

传染病的预防

一 传染病防治

1. 儿童一定要接种疫苗吗？接种疫苗有什么意义？

案情回放

近年来，有关疫苗的负面新闻频发。不久前，又曝光了一起问题疫苗事件。涛涛的奶奶见状，不让涛涛父母带涛涛打疫苗了。这一意见遭到了涛涛父母的坚决反对，他们说："涛涛今年才5岁，打不打疫苗不是我们说了算的。按照规定，所有儿童都要按计划接种疫苗。"涛涛奶奶却认为，反正涛涛身体好，不打疫苗也没事。请问，儿童一定要接种疫苗吗？接种疫苗有什么意义？

案例评析

儿童一定要接种疫苗。根据我国《疫苗管理法》第六条和第九十二条的规定，居住在中国境内的居民，享有接种免疫规划疫苗的权利和义务。为了保障儿童能够接种疫苗，法律特别规定，县级以上人民政府及相关部门应当保障适龄儿童接种免疫规划疫苗。监护人应当依法保证适龄儿童按时接种免疫规划疫苗。如果监护人没有依法保证适龄儿童按时接种免疫规划疫苗的，县级人民政府卫生健康主管部门将予以批评教育，责令改正。此外，我国《传染病防治法》第十五条第二款也规定，疾病预防控制机构、医疗机构与儿童的监护人应当互相配合，以保证儿童及时接受预防接种。由此可见，儿童是一定要接种疫苗的，监护人还应当确保他们按时接种疫苗。因为接种疫苗是预防、控制传染病最经济也是最有效的手段。接种后，儿童体内会产生相应的抗体，可以有效保护儿童的身体健康，可以说，接种疫苗对孩子的健康成长和传染病的防治有着重要意义。

2. 因害怕泄露隐私拒不配合医疗机构进行检验的，违法吗?

案情回放

丙市发生一起聚集性传染病案例，为了防止疫情进一步加重，该市疾控部门安排疑似传染病病人和密切接触者等相关人员到医院进行检验。王某接到医院通知后，不仅自己拒绝到医院检验，还劝阻其同伴去医院接受检验，理由是个人信息、近期行程等个人隐私会被泄露。请问，因为害怕隐私被泄露而拒绝配合医疗机构进行检验的，违法吗?

案例评析

根据《传染病防治法》第七条规定，在我国，疾病预防控制机构负责传染病的监测、预测、流行病学调查、疫情报告等工作，医疗机构承担与医疗救治有关的传染病预防与防治工作。因此，疾病预防控制机构和医院有权依法对疑似传染病病人、密切接触者等进行检验。同时，该法第十二条还规定："在中华人民共和国领域内的一切单位和个人，必须接受疾病预防控制机构、医疗机构有关传染病的调查、检验、采集样本、隔离治疗等预防、控制措施，如实提供有关情况。疾病预防控制机构、医疗机构不得泄露涉及个人隐私的有关信息、资料。卫生行政部门以及其他有关部门、疾病预防控制机构和医疗机构因违法实施行政管理或者预防、控制措施，侵犯单位和个人合法权益的，有关单位和个人可以依法申请行政复议或者提起诉讼。"据此可知，配合疾病预防控制机构和医疗机构，接受传染病的检验是公民的义务，任何人不得拒绝。因此，案例中的王某以害怕隐私被泄露而拒绝配合检验的行为是不合法的，其应当配合疾控部门和医院的工作。

需要注意的是，为了保护个人隐私，法律专门规定了约束性条款，如果疾病预防控制机构和医疗机构违反保密义务，侵害了被检验人或其他相关人员（单位）的隐私权等合法权益的，被侵权人有权要求其承担法律责任。

3. 其他乘客不让已做好防护的疑似传染病病人上飞机，是违法行为吗?

案情回放

小周在W国支教期间疑似感染了麻风病，为了得到更好的治疗，她所在的志愿者组织安排她回国。为了防止将疾病传染给其他人，小周做了周全的防护。但是，小周到达国内转机时，与她同一航班的几名乘客见小周防护得如此严实，担心是什么严重传染病，要求机组人员拒绝小周搭乘飞机。请问，其他乘客不让已做好防护的疑似传染病病人上飞机，是违法行为吗?

案例评析

这些乘客的行为是不合法的。我国《传染病防治法》第十六条第一款明确规定:“国家和社会应当关心、帮助传染病病人、病原携带者和疑似传染病病人，使其得到及时救治。任何单位和个人不得歧视传染病病人、病原携带者和疑似传染病病人。”根据该规定可知，传染病病人、病原携带者和疑似传染病病人受法律保护，任何单位和个人不得歧视他们。案例中，小周已经做了周全的防护，如果同航班的乘客实在担心被传染，可以要求机组人员做好机舱内的消毒和隔离工作，将小周安排在隔离间内。无论如何，其他乘客都不能拒绝让小周搭乘飞机。

4. 饭店服务员在排除罹患传染病之前，能到岗工作吗？

案情回放

宋阿姨在一家连锁快餐公司做服务员很多年了，她在不久前得了流行性腮腺炎，公司给她放了长假。休息一段时间后，宋阿姨觉得自己身体状况好了很多，向公司提出返岗上班的请求。公司让她去办新的健康证，只有排除了罹患传染病的可能，宋阿姨才能回公司上班，否则不行。宋阿姨却觉得，即便是自己的病没有好彻底，只要上班时戴好口罩，问题也不大。那么，饭店服务员在排除罹患传染病之前，能到岗工作吗？

案例评析

公司的做法是正确的。饭店服务员在治愈或者排除传染病嫌疑之前，不能到岗工作。我国《传染病防治法》第十六条第二款规定："传染病病人、病原携带者和疑似传染病病人，在治愈前或者在排除传染病嫌疑前，不得从事法律、行政法规和国务院卫生行政部门规定禁止从事的易使该传染病扩散的工作。"也就是说，法律禁止患有传染病的病人、疑似传染病病人或病原携带者在治愈或排除传染病嫌疑前从事易使传染病扩散的工作。根据《传染病防治法实施办法》第十九条规定，此处的"易使该传染病扩散的工作"一般是指有关饮水、饮食、整容、保育等内容的工作。上面的案例中，宋阿姨患的流行性腮腺炎本就具有较强的传染性，她又是在快餐店服务员岗位工作，公司要求她办理新的健康证，确保疾病完全治好之后再回岗位的做法无可厚非，这也是符合法律规定的。

5. 在疫情发生过程中有失职行为的人员，应承担什么责任？

案情回放

A 市甲型 H1N1 流感肆虐，疾控中心的黄某在整理患者信息时突然发现其邻居林某是确诊病人。不巧的是，前几日，黄某与林某因停车位的事情发生了口角，林某家的孩子还划破了黄某的车，黄某一直耿耿于怀。于是，在发布疫情信息时，黄某故意将林某和其家人的个人信息泄露了出去，导致他们被网民人肉搜索，遭受网络暴力。那么，该中心和黄某要承担什么责任？

案例评析

我国《传染病防治法》第六十八条规定："疾病预防控制机构违反本法规定，有下列情形之一的，由县级以上人民政府卫生行政部门责令限期改正，通报批评，给予警告；对负有责任的主管人员和其他直接责任人员，依法给予降级、撤职、开除的处分，并可以依法吊销有关责任人员的执业证书；构成犯罪的，依法追究刑事责任：……（五）故意泄露传染病病人、病原携带者、疑似传染病病人、密切接触者涉及个人隐私的有关信息、资料的。"根据该规定可知，依法具有传染病疫情报告义务的政府有关部门、疾控中心、医院、采供血机构及其工作人员不仅需要如实报告疫情，还应保护好病人及密切接触者的个人隐私，否则将受到行政处分。案例中，黄某利用其在疾控中心工作的便利，在发布疫情时故意泄露传染病病人的个人信息并导致严重后果的行为是失职行为，其所在的疾控中心将被当地卫生部门要求改正并予以通报批评和警告，黄某也将受到降级、撤职或开除等行政处分。此外，黄某的行为侵犯了该传染病病人的隐私权，被侵权人可以依法要求黄某承担侵权责任。

6. 各级疾病预防控制机构在传染病预防控制中履行哪些职责？

案情回放

为了强化政府基本公共卫生服务职能，推进基本公共服务均等化，加强重大疾病防控和突发公共卫生事件应急体系与队伍建设，我国设立了各级疾病预防控制机构，这些机构自上而下分为国家级、省级、市级和县级，它们均属于从事基本公共卫生服务的公益性事业单位。A疾病预防控制中心是湖北省内的市级疾病预防控制机构，请问，该疾病预防控制中心在传染病预防控制中应履行哪些职责？

案例评析

我国《传染病防治法》第十八条规定："各级疾病预防控制机构在传染病预防控制中履行下列职责：（一）实施传染病预防控制规划、计划和方案；（二）收集、分析和报告传染病监测信息，预测传染病的发生、流行趋势；（三）开展对传染病疫情和突发公共卫生事件的流行病学调查、现场处理及其效果评价；（四）开展传染病实验室检测、诊断、病原学鉴定；（五）实施免疫规划，负责预防性生物制品的使用管理；（六）开展健康教育、咨询，普及传染病防治知识；（七）指导、培训下级疾病预防控制机构及其工作人员开展传染病监测工作；（八）开展传染病防治应用性研究和卫生评价，提供技术咨询。

国家、省级疾病预防控制机构负责对传染病发生、流行以及分布进行监测，对重大传染病流行趋势进行预测，提出预防控制对策，参与并指导对暴发的疫情进行调查处理，开展传染病病原学鉴定，建立检测质量控制体系，开展应用性研究和卫生评价。

设区的市和县级疾病预防控制机构负责传染病预防控制规划、方案的落实，组织实施免疫、消毒、控制病媒生物的危害，普及传染病防治知识，负责本地区疫情和突发公共卫生事件监测、报告，开展流行病学调查和常见病原微生物检测。"

由此可见，各级疾病预防控制机构在传染病预防控制中都有义务履行上述八项具体职责。国家、省级疾病预防控制机构与设区的市和县级疾病预防控制机构在履行具体职责时的侧重点不同，前者履行职责以业务管理、技术指导、科研培训和质量控制为主，后者履行职责时以辖区疾病预防控制的具体组织实施为主。在上述案例中，A疾病预防控制中心作为湖北省内的市级疾病预防控制机构，不仅要履行这八项具体职责，还应当侧重于对传染病预防控制规划、方案的落实，组织实施免疫、消毒、控制病媒生物的危害，普及传染病防治知识，负责本地区疫情和突发公共卫生事件监测、报告，开展流行病学调查和常见病原微生物检测。

7. 传染病预防、控制预案应当包括哪些内容？

案情回放

传染病预防、控制工作是事关国计民生的大事，涉及千家万户的健康和生命安全，各级政府均应当制订传染病预防、控制预案，建立预防为主、防治结合的管理和应急机制，以便做到对传染病的早发现、早报告、早隔离、早治疗，最大限度地保护人民群众的身体健康和生命安全。山东省某市政府高度重视传染病预防控制工作，不仅将其纳入了政府目标考核，还制订了传染病预防、控制预案。请问，该市政府制订的传染病预防、控制预案应当包括哪些内容呢？

案例评析

我国《传染病防治法》第二十条规定："县级以上地方人民政府应当制定传染病预防、控制预案，报上一级人民政府备案。传染病预防、控制预案应当包括以下主要内容：（一）传染病预防控制指挥部的组成和相关部门的职责；（二）传染病的监测、信息收集、分析、报告、通报制度；（三）疾病预防控制机构、医疗机构在发生传染病疫情时的任务与职责；（四）传染病暴发、流行情况的分级以及相应的应急工作方案；（五）传染病预防、疫点疫区现场控制，应急设施、设备、救治药品和医疗器械以及其他物资和技术的储备与调用。地方人民政府和疾病预防控制机构接到国务院卫生行政部门或者省、自治区、直辖市人民政府发出的传染病预警后，应当按照传染病预防、控制预案，采取相应的预防、控制措施。”

由此可知，该市政府本身就负有制订传染病预防、控制预案，并报省级人民政府备案的义务。该市政府应当按照上述法律规定，制订传染病预防、控制预案，确保内容真实、全面、具体。一旦该市政府接到传染病预警时，该传染病预防、控制预案就是其采取预防、控制措施的依据。

8. 在传染病预防方面，医疗机构应该做好哪些方面的工作？

案情回放

高某是一位血友病患者，一直在北京D医院靠输入血液制品缓解病症。2018年12月31日，高某突发出血症状，急救车将其就近送到X医院抢救，输血前X医院医生对高某做了血液检查，结果显示高某患有丙肝。后经调查发现，此前D医院在给高某输血时，没有严格按照卫生行政部门的有关规定进行化验检查，在预防传染病方面存在严重失职，才导致高某感染了丙肝，由此引发医疗纠纷。那么，在传染病预防方面，医疗机构应该做好哪些方面的工作？

案例评析

我国《传染病防治法》第二十一条规定：“医疗机构必须严格执行国务院卫生行政部门规定的管理制度、操作规范，防止传染病的医源性感染和医院感染。医疗机构应当确定专门的部门或者人员，承担传染病疫情报告、本单位的传染病预防、控制以及责任区域内的传染病预防工作；承担医疗活动中与医院感染有关的危险因素监测、安全防护、消毒、隔离和医疗废物处置工作。疾病预防控制机构应当指定专门人员负责对医疗机构内传染病预防工作进行指导、考核，开展流行病学调查。”由此可知，在传染病预防方面，医疗机构必须严格执行《传染病防治法》确定的各项义务，防止传染病的医源性感染和医院感染。

另外，我国《传染病防治法实施办法》第十四条规定："医疗保健机构必须按照国务院卫生行政部门的有关规定，严格执行消毒隔离制度，防止医院内感染和医源性感染。"医疗保健机构负有预防传染病的法定义务，应当履行自身职责，防止医院内感染和医源性感染。

本案中，无论D医院是何种医疗机构，其都应当依法履行自身关于传染病防治的职责，由于其工作失职造成高某传染了丙肝，其需要承担相应的行政责任和民事赔偿责任。

9. 病毒、病原微生物研究实验室应如何做好预防工作？

案情回放

病毒、病原微生物研究实验室主要负责对病毒病流行情况进行检测、处理上报和专项分析，进行病毒流行病学、分子生物学、病毒培养分离鉴定、病毒病原学、免疫学等方面的研究，为病毒病预防与控制提供科学的实验室数据。研究人员的日常工作就是与病毒、病原微生物打交道，一不小心就容易感染病毒。历史上就发生过实验室感染的情况。2003年9月，新加坡某大学研究生在环境卫生研究院实验室中感染SARS病毒。2004年4月，安徽、北京先后发现新的SARS病例，经证实分别来自在中国疾病预防控制所实验室受到SARS感染的两名工作职员。那么，病毒、病原微生物研究实验室应如何做好预防工作呢？

案例评析

我国《传染病防治法》第二十二条规定："疾病预防控制机构、医疗机构的实验室和从事病原微生物实验的单位，应当符合国家规定的条件和技术标准，建立严格的监督管理制度，对传染病病原体样本按照规定的措施实行严格监督管理，严防传染病病原体的实验室感染和病原微生物的扩散。"上述法条是对从事病原微生物实验的单位如何做好预防工作的一般性规定，具有原则性，从事该项工作的单位都应当执行这一规定。

同时，我国《传染病防治法实施办法》第十五条规定："卫生防疫机构和从事致病性微生物实验的科研、教学、生产等单位必须做到：（一）建立健全防止致病性微生物扩散的制度和人体防护措施；（二）严格执行实验操作规程，对实验后的样品、器材、污染物品等，按照有关规定严格消毒后处理；（三）实验动物必须按照国家有关规定进行管理。"上述规定是对从事病原微生物实验的单位应当如何进行预防的具体和细化，实验室必须做到以上三项内容。

因此，病毒、病原微生物研究实验室在预防感染时，不仅要遵守《传染病防治法》第二十二条的一般性规定，更要执行《传染病防治法实施办法》第十五条规定的三项具体内容。

10. 自然疫源地项目建设时，应如何做好防疫工作?

案情回放

自然疫源地，是指自然界中某些野生动物体内长期保存某种传染性病原体的地区。在自然疫源地内，某种疾病的病原体可以通过特殊媒介感染宿主，长期在自然界循环，不依赖人而延续其后代，并在一定条件下传染给人，在人与人之间流行。因此，在自然疫源地进行大型项目建设时一定要做好防疫工作，预防传染病的传播和扩散。A大型企业打算在某自然疫源地开发建设旅游项目，请问，该企业应当如何做好防疫工作?

案例评析

我国《传染病防治法》第二十八条规定："在国家确认的自然疫源地计划兴建水利、交通、旅游、能源等大型建设项目的，应当事先由省级以上疾病预防控制机构对施工环境进行卫生调查。建设单位应当根据疾病预防控制机构的意见，采取必要的传染病预防、控制措施。施工期间，建设单位应当设专人负责工地上的卫生防疫工作。工程竣工后，疾病预防控制机构应当对可能发生的传染病进行监测。”由此可知，在自然疫源地进行大型建设项目时，防疫工作必须贯穿整个建设过程。项目建设前，要对施工环境进行卫生调查，并采取必要的传染病预防、控制措施；项目施工过程中，要设专人负责卫生防疫工作；工程竣工后，还要对可能发生的传染病进行监测。

此外，我国《传染病防治法实施办法》第三十条规定：“自然疫源地或者可能是自然疫源地的地区计划兴建大型建设项目时，建设单位在设计任务书批准后，应当向当地卫生防疫机构申请对施工环境进行卫生调查，并根据卫生防疫机构的意见采取必要的卫生防疫措施后，方可办理开工手续。兴建城市规划内的建设项目，属于在自然疫源地和可能是自然疫源地范围内的，城市规划主管部门在核发建设工程规划许可证明中，必须有卫生防疫部门提出的有关意见及结论。建设单位在施工过程中，必须采取预防传染病传播和扩散的措施。”第三十一条规定：“卫生防疫机构接到在自然疫源地和可能是自然疫源地范围内兴办大型建设项目的建设单位的卫生调查申请后，应当及时组成调查组到现场进行调查，并提出该地区自然环境中可能存在的传染病病种、流行范围、流行强度及预防措施等意见和结论。”上述法条不仅细化了建设单位的防疫义务，还规定了卫生防疫机构具体的职责，卫生防疫机构在接到卫生调查申请后，应当进行现场调查，并提出预防措施等意见和结论。

在上面的案例中，A 大型企业兴建的项目正好位于自然疫源地范围，其在整个项目建设过程中都要做好防疫工作，当地卫生防疫机构接到其卫生调查申请后，必须立即组成调查组到现场进行调查，并提出该地区自然环境中可能存在的传染病病种、流行范围、流行强度及预防措施等意见和结论，以确保防疫工作有效开展。

11. 自制或贩卖血液制品要承担怎样的法律后果？

案情回放

某生物制品药业有限公司因未达到国家规定的相关标准，没有取得卫生行政部门的产品批准文号，于是该公司便与其他公司共用了药品生产企业许可证和产品批准文号。2019 年 3 月，朱先生因身体不适，输入了一瓶该公司生产的人血白蛋白。同年 6 月，朱先生突然感觉食欲不振，到医院做检查，结果查出了丙肝抗体阳性。朱先生表示自己此前从未与肝炎患者有过接触。朱先生想起自己曾经注射过人血白蛋白，便告知了医生。后经过调查，某生物制品药业有限公司生产的人血白蛋白存在质量问题，导致朱先生感染丙肝。那么，该生物制品药业有限公司要承担怎样的法律后果？

案例评析

生物制品生产单位担负着治病救人的重要使命，首先应严把质量关，遵守我国《传染病防治法》的相关规定，保证血液制品的质量，防止因输入血液、使用血液制品引起经血液传播疾病的发生。案例中的某生物制品药业有限公司生产并销售了存在质量问题的血液制品，导致朱先生因输入该公司生产的人血白蛋白感染了丙肝。究其原因，该生物制品药业有限公司因未能取得产品批准文号而与其他公司共用了药品生产企业许可证和产品批准文号，在不具备相关资质及没有严格的质量监督下生产销售了未达标的产品，导致朱先生感染了丙肝。

《血液制品管理条例》第三十八条规定："血液制品生产单位有下列行为之一的，由省级以上人民政府卫生行政部门依照药品管理法及其实施办法等有关规定，按照生产假药、劣药予以处罚；构成犯罪的，对负有直接责任的主管人员和其他直接责任人员依法追究刑事责任：……（四）与他人共用产品批准文号的。"根据该规定，某生物制品药业有限公司将面临省级以上人民政府卫生行政部门的处罚。若情节严重，构成犯罪的，负有直接责任的主管人员和其他直接责任人员将被依法追究刑事责任。

12. 对被传染病病原体污染的物品与场所进行消毒，是卫健部门的法定义务吗？

案情回放

楚某在某商场租用了300平方米的场地开办了一家儿童淘气堡。2019年10月的一天下午，孙某带着女儿小桐到楚某开办的淘气堡玩耍，晚上回家后小桐的手上、脚上及口腔出现了疱疹。孙某立即将小桐送到医院，经过检查，小桐确诊感染手足口病。孙某联系了当日在淘气堡见到的朋友赵某，赵某说他的儿子也感染了手足口病。后来才得知，一名患有手足口病的儿童在淘气堡玩耍过，使淘气堡中的娱乐设施上沾染了手足口病毒。除小桐和赵某的儿子外，还有其他在淘气堡玩儿的小朋友也被查出感染了手足口病。某位家长举报，市卫生部门到淘气堡调查情况，并要求楚某对场所及设施进行消毒。那么，楚某必须对其场所及设施进行消毒吗？

案例评析

一般情况下，病毒都是通过接触传播的，如唾液、口腔飞沫、血液、身体皮肤接触等。上述案例中的手足口病是一种全球性传染病，它的传播途径是密切接触，如接触被病毒污染的手、贴身用品、玩具等，都有可能被传染。淘气堡及其他人群密集的娱乐设施上如果沾染上传染病的病毒，将会使不特定的大众面临被传染的风险，威胁大众的生命健康。为此，我国《传染病防治法》第二十七条规定："对被传染病病原体污染的污水、污物、场所和物品，有关单位和个人必须在疾病预防控制机构的指导下或者按照其提出的卫生要求，进行严格消毒处理；拒绝消毒处理的，由当地卫生行政部门或者疾病预防控制机构进行强制消毒处理。"对被病毒污染的场所（尤其是公共场所）及物品严格按照相关流程进行消毒，能够最大限度地减少被感染人数，避免传染病的扩散。案例中的楚某发现淘气堡存在传染病毒的情况后，应当按照卫生部门的要求，对场所及设施进行消毒，这不仅是一种社会责任，更是一项法定义务。

13. 用工单位招工多少时，需要向卫生防疫部门报告？

案情回放

某包装厂与一家名牌酒生产销售公司签订了一份包装合同，合同中约定由包装厂负责该品牌酒包装的设计与生产制造工作。因对方需要的包装产品数量较多，包装厂负责人刘某决定再招用 200 名临时工完成这项工作。包装厂招工非常顺利，很快就招到 200 名临时工。包装厂的人事部经理田某告诉刘某说，单位招用这么多的员工，是需要向卫生防疫部门报告的。请问，田某的说法正确吗？

案例评析

向卫生防疫部门报告是卫生管理工作的重要组成部分，可以使卫生防疫部门及时、全面、准确地掌握用工单位招工的详细情况，对科学地制定疾病的预防、发生、控制的对策与措施有重要意义。如我国《传染病防治法实施办法》第二十条规定：“招用流动人员二百人以上的用工单位，应当向当地政府卫生行政部门指定的卫生防疫机构报告，并按照要求采取预防控制传染病的卫生措施。”案例中，包装厂招用 200 名临时工，田某请求刘某向卫生防疫部门进行报告的说法是正确的。企业招用人员过多时，出现卫生安全问题的概率也高，所以招用流动人员超过 200 人的企业，应当及时向卫生防疫部门进行报告，并按照《消毒管理办法》第十五条规定对流动人员集中生活起居的场所及使用的物品定期进行消毒，以保障员工生活工作场所的卫生安全。如果发生传染病等卫生安全问题，也有利于卫生防疫部门根据报告情况及时做出应急措施，最大限度地减少传染病等卫生安全问题的发生与传播。

14. 被鼠疫和霍乱污染后，应如何进行消毒处理？

案情回放

宋某与朋友相约一起到宋某家中烧烤，宋某便到某菜市场购买了一些食材，其中包括一只野兔。聚餐5天后，宋某自觉发热、发冷、浑身疼痛，服用感冒药后没有缓解，便到县医院就诊。医生周某听宋某讲述发病的症状后，怀疑宋某可能被感染了鼠疫，告知宋某立即到市中心医院做详细检查。随后宋某到市中心医院就诊，确诊宋某为鼠疫病人。宋某说可能是因为吃了野兔，于是宋某找到了烧烤所食野兔的尾骨并进行检验，在骨髓中分离出鼠疫菌。医务人员随即向市疾控中心报告，市疾控中心派工作人员将与宋某及其朋友接触过的人员集中隔离。那么，发生鼠疫后，还需要做哪些消毒处理工作呢？

案例评析

鼠疫是一种烈性传染病，一般先流行于鼠类等啮齿动物，传染给人后呈散发性发病，继而流行成疫。鼠疫杆菌在阴湿处、低温处及有机物内生存时间较长，一旦人类感染，病死率高，会给人类造成极大的危害。因此，发生鼠疫后，除要对鼠疫患者、疑似鼠疫患者采取措施外，还应及时划定疫区范围，做好疫情防控工作。对此，我国《传染病防治法实施办法》第二十一条规定："被甲类传染病病原体污染的污水、污物、粪便，有关单位和个人必须在卫生防疫人员的指导监督下，按照下列要求进行处理：（一）被鼠疫病原体污染：1. 被污染的室内空气、地面、四壁必须进行严格消毒，被污染的物品必须严格消毒或者焚烧处理；2. 彻底消除鼠疫疫区内的鼠类、蚤类；发现病鼠、死鼠应当送检；解剖检验后的鼠尸必须焚化；3. 疫区内啮齿类动物的皮毛不能就地进行有效的消毒处理时，必须在卫生防疫机构的监督下焚烧……"鼠疫发生后，救治患者虽是重中之重，但对疫区的消毒防控同样刻不容缓。

15. 水、物品被伤寒和副伤寒、细菌性痢疾、脊髓灰质炎、病毒性肝炎病原体污染后应怎么处理?

案情回放

邵阿姨是某酒店的后勤部服务员，负责酒店的清洁工作。一天，邵阿姨出现发热、腹痛、腹泻等症状，刚开始以为是吃了不干净的东西闹肚子，在家里找了些肠胃药吃，症状缓解后继续到酒店上班。几天后，邵阿姨的症状变得严重，便到医院就医，经医生诊断为细菌性痢疾。随后，酒店的另外两名员工也出现相似症状，到医院就医后同样被确诊患有细菌性痢疾。邵阿姨和其他两名员工都住在酒店的员工宿舍，活动区域主要是酒店的清洗间。酒店得知员工患病的情况后，立即关闭了员工宿舍及清洗间。除此之外，酒店还应当采取哪些消毒措施呢?

案例评析

酒店、饭店等经营场所是人员较为密集的地方，如果发生传染病，在人员高密度的情况下很容易造成传染病的扩散。因此，在发现传染病病例后，采取相应的防治措施是防控传染病的首要任务。上述案例中，邵阿姨是某酒店的员工，患上细菌性痢疾后传染给了酒店其他两名员工。酒店在得知情况后，立即采取了封闭员工宿舍及清洗间等措施，但这些措施还不够。我国《传染病防治法实施办法》第二十二条第一款规定:“被伤寒和副伤寒、细菌性痢疾、脊髓灰质炎、病毒性肝炎病原体污染的水、物品、粪便，有关单位和个人应当按照下列要求进行处理:(一)被污染的饮用水，应当进行严格消毒处理;(二)污水经消毒处理后排放;(三)被污染的物品，应当进行严格消毒处理或者焚烧处理;(四)粪便消毒处理达到无害化。”

由此可知，酒店还应严格按照法律规定对饮用水、污水、被污染的物品等进行严格消毒处理或者焚烧处理，并将粪便消毒处理达到无害化。酒店、餐馆等营业机构的经营者应当重视其经营场所的卫生安全，有应对发生传染病的应急方案和处理方案，避免发生传染病后因处理不当而造成传染病传播、流行或者其他严重后果。

16. 个人倒卖疫苗的，要承担怎样的法律责任？

案情回放

冯某是某乡镇卫生院的职工，平时负责与医药公司联系进购药品，后因工作失误被单位开除。失业的冯某一时找不到工作，便自称是某医药公司的业务员，倒卖各类疫苗。冯某没有任何药品经营的资质，他利用自己曾在卫生院的人际关系，通过微信、QQ 等方式与多位非法经营疫苗的人员联系，将收到的疫苗重新包装再加价卖给病人，从中牟利。自 2017 年开始，冯某便一直从事倒卖疫苗的活动，与多人进行交易，先后销售过乙肝疫苗、狂犬疫苗、水痘疫苗等多类疫苗，获得非法收入数十万元。后来，冯某倒卖疫苗的行为被人举报。那么，冯某应当承担怎样的法律责任呢？

案例评析

疫苗是为预防、控制疾病的发生、流行而用于人体免疫接种的预防性生物制品，主要包括免疫规划疫苗和非免疫规划疫苗。我国对疫苗实行最严格的管理制度，疫苗的研制、生产、流通和预防接种都要遵守法律法规等的严格规定。我国《传染病防治法实施办法》第二十四条规定："用于预防传染病的菌苗、疫苗等生物制品，由各省、自治区、直辖市卫生防疫机构统一向生物制品生产单位订购，其他任何单位和个人不得经营。用于预防传染病的菌苗、疫苗等生物制品必须在卫生防疫机构监督指导下使用。"同时，我国《疫苗管理法》第五条也规定："疫苗上市许可持有人应当加强疫苗全生命周期质量管理，对疫苗的安全性、有效性和质量可控性负责。从事疫苗研制、生产、流通和预防接种活动的单位和个人，应当遵守法律、法规、规章、标准和规范，保证全过程信息真实、准确、完整和可追溯，依法承担责任，接受社会监督。”

依据上述条文可知，冯某不具有经营资质，非法倒卖疫苗，已经违反了上述条文的规定。若冯某倒卖的疫苗是合格的疫苗，结合冯某的违法犯罪情节，依据《刑法》第二百二十五条规定，冯某可能以非法经营罪论罪处罚；若冯某倒卖的疫苗是假药、劣药的，则触犯了《刑法》第一百四十一条生产、销售假药罪，并应承担相应的刑事责任。

17. 在狂犬病的防治管理方面，各部门的工作职责是什么？

案情回放

郭某住在某市锦绣家园小区，小区里经常会出现两三只流浪狗。某天，郭某外出买菜，回来的时候，看到一只流浪狗在路边垃圾堆里找吃的。郭某经过的时候，流浪狗突然冲过来咬了郭某一口。被咬之后，郭某在家人的陪同下打了狂犬疫苗。经过四周的观察和治疗后，郭某没有出现发病症状，郭某及家人都松了一口气。随后，郭某与家人找到小区物业，认为物业对小区管理不负责，没有及时清理在小区里的流浪猫狗才导致郭某面临患狂犬病的风险。小区物业则推卸责任，主张物业不负责流浪猫狗的清理工作。那么，在狂犬病的防治管理方面，具体由哪些部门负责哪些工作呢？

案例评析

狂犬病是动物将狂犬病毒传播给人的一种急性传染病，这种病毒一般由犬类传播，人类患狂犬病的病死率几近100%，所以我国一直在加强狂犬病的预防措施。案例中，郭某被小区里的流浪狗咬伤，就将面临患狂犬病的可能，幸好郭某及时到医院打了狂犬疫苗，防止了病发。日常生活中难免会出现诸如郭某的案例，为避免这类情况的出现，相关部门必须做好狂犬病的防治管理工作。

对此，我国《传染病防治法实施办法》第二十九条规定：“狂犬病的防治管理工作按照下列规定分工负责：（一）公安部门负责县以上城市养犬的审批与违章养犬的处理，捕杀狂犬、野犬；（二）畜牧兽医部门负责兽用狂犬病疫苗的研制、生产和供应；对城乡经批准的养犬进行预防接种、登记和发放‘家犬免疫证’；对犬类狂犬病的疫情进行监测和负责进出口犬类的检疫、免疫及管理；（三）乡（镇）政府负责辖区内养犬的管理，捕杀狂犬、野犬；（四）卫生部门负责人用狂犬病疫苗的供应、接种和病人的诊治。”

由条文规定可知，我国对狂犬病防治管理已经对各部门的职责作出了比较完善的规定，其中包括对犬类的处理、疫苗的研制使用等，各部门应按条文规定做好相应的工作，各司其职，以有效地防治狂犬病的发生。

二 动物疫病防疫

18. 动物饲养场所必须具备哪些防疫条件?

案情回放

因父母年老无人照料，大华便辞掉城里的工作回乡创业。经过考察后，大华决定养鹅。大华将自家和邻居家的大后院重新整理成养殖场不久，还没来得及买鹅苗，村长就赶来提醒他："养殖场可不是你想弄就弄的，如果动物防疫条件不达标，搞也是白搞！"大华疑惑了，去乡里咨询。乡里工作人员认真地作了解答。那么，动物饲养场所必须具备哪些防疫条件?

案例评析

村长的提醒是正确的，根据我国《动物防疫法》第十九条、第二十条的规定，动物饲养场必须符合法律规定的动物防疫条件，并取得动物防疫条件合格证。要求养殖场等动物饲养场所具备动物防疫条件是为了预防动物疫病，防止不良后果的发生，具体而言，动物饲养场所必须具备以下防疫条件：

（1）场所的位置与居民生活区、生活饮用水源地、学校、医院等公共场所的距离符合国务院兽医主管部门规定的标准；

（2）生产区封闭隔离，工程设计和工艺流程符合动物防疫要求；

（3）有相应的污水、污物、病死动物、染疫动物产品的无害化处理设施设备和清洗消毒设施设备；

（4）有为其服务的动物防疫技术人员；

（5）有完善的动物防疫制度；

（6）具备国务院兽医主管部门规定的其他动物防疫条件。

可见，我国法律对养殖场的防疫条件有着非常严格的规定。大华开辟后院当养殖场的行为显然不符合前述条件，他应该在了解具体情况后修改计划。如果大华擅自开设养殖场，没有取得动物防疫条件合格证的，则其需要按照《动物防疫法》第七十七条的规定予以改正和缴纳罚款，一般情况会处一千元以上一万元以下罚款，如果属情节严重的，处一万元以上十万元以下罚款。

19. 饲养员患了禽流感后还能继续工作吗？

案情回放

小许是某地动物园的鸟类饲养员。最近，该地区正大规模流行禽流感，小许因平时缺乏锻炼不幸感染上了禽流感。该动物园决定让小许回家修养一段时间，等到身体完全康复并经过体检合格后再继续工作。得知动物园要求其修养一段时间再工作的消息后，小许坚决认为自己不需要休息，可以继续工作，只要在工作时注意消毒并佩戴口罩，就不会传染给他人了。请问，饲养员患了禽流感后还能继续工作吗？

案例评析

动物园的做法是正确的。患有人畜共患传染病的工作人员不得直接从事易感动物的饲养活动。我国《动物防疫法》第二十三条明确规定：“患有人畜共患传染病的人员不得直接从事动物诊疗以及易感染动物的饲养、屠宰、经营、隔离、运输等活动。人畜共患传染病名录由国务院兽医主管部门会同国务院卫生主管部门制定并公布。”也就是说，法律禁止患有人畜共患传染病的工作人员从事动物诊疗以及易感动物的饲养、经营等活动。

2009 年 1 月 19 日，原农业部根据《动物防疫法》的规定，会同原卫生部组织制定并实施了《人畜共患传染病名录》，该名录共列举了包括高致病性禽流感、狂犬病等在内的26种人畜共患传染病。由此可见，如果饲养员患有高致病性禽流感，那么其不得从事易感动物的饲养、经营等活动。在上面的案例中，该地区的禽流感已经大规模暴发，明显属于高致病性禽流感，并且鸟类明显属于易感动物。因此，根据法律规定，作为鸟类饲养员的小许在患有禽流感后，不得再从事饲养工作，动物园的做法是正确的。

20. 不得屠宰、经营、运输哪些动物和生产、经营、加工、贮藏、运输哪些动物产品？

案情回放

老谢经营着一家肉铺。最近，猪肉价格大幅度上涨，很多消费者开始转购其他肉类。老谢发现这是个很好的商机，因此，开始减少进购猪肉，增加其他肉类的进购量。前不久，老谢听说，某地正在闹禽流感，从该地进购肉类非常便宜。于是，老谢再次抓住“商机”，打算从禽流感疫情区进购鸡肉，然后以“优惠”价格卖给消费者。老谢将自己的计划告诉了儿子小谢，却遭到了小谢的反对。小谢称，我国法律禁止屠宰、经营疫情区内易感染的动物和动物产品；虽然从禽流感疫情区进购的鸡肉便宜，利润大，但是疫情区的家禽感染禽流感的概率非常高，若人类食用，非常容易被感染。老谢听后，十分惭愧。那么，不得屠宰、经营、运输哪些动物和生产、经营、加工、贮藏、运输哪些动物产品？

案例评析

为了能够有效控制疫情的传播和扩散，我国法律明确规定了哪些动物不得屠宰、经营、运输，哪些动物产品不得生产、经营、加工、贮藏、运输。我国《动物防疫法》第二十五条明确规定：“禁止屠宰、经营、运输下列动物和生产、经营、加工、贮藏、运输下列动物产品：（一）封锁疫区内与所发生动物疫病有关的；（二）疫区内易感染的；（三）依法应当检疫而未经检疫或者检疫不合格的；（四）染疫或者疑似染疫的；（五）病死或者死因不明的；（六）其他不符合国务院兽医主管部门有关动物防疫规定的。”

也就是说，如果存在上述六种情形，无论是动物还是动物产品均不可进行经营、运输等活动。同时，该法第七十六条还规定：“违反本法第二十五条规定，屠宰、经营、运输动物或者生产、经营、加工、贮藏、运输动物产品的，由动物卫生监督机构责令改正、采取补救措施，没收违法所得和动物、动物产品，并处同类检疫合格动物、动物产品货值金额一倍以上五倍以下罚款；其中依法应当检疫而未检疫的，依照本法第七十八条的规定处罚。”

由此可知，若违反法律规定，对存在上述六种情形之一的动物进行屠宰、经营、运输，或是对这类动物产品进行生产、经营、加工、贮藏、运输，动物卫生监督机构有权责令改正、采取补救措施，并没收违法所得和动物、动物产品，同时处同类检疫合格动物、动物产品货值金额一倍以上五倍以下罚款。在上面的案例中，小谢的说法是正确的，在禽流感疫情区内，鸡属于易感染的动物，因此不能从疫情区内进购鸡肉，否则，就需要承担相应的法律责任。

21. 上报动物疫情有困难的，怎么办？

案情回放

小赵是某地动物防疫站新来的检查员。一日，当地一个养猪户到防疫站称，自家的猪好像得猪瘟了，前几天只有几头猪不爱吃东西不爱动，现在有将近三分之二的猪都不爱吃东西不爱动。小赵了解情况后，立即赶往该养猪户的猪场，经过全面检验，发现确实是猪瘟，并且十分严重。小赵将此事告诉了自己的上级领导，但领导说，小赵性子太急，做事鲁莽，并告知其暂时不要将此事上报，等再观察一段时间再说。请问，领导不让上报动物疫情的，怎么办？

案例评析

小赵领导的做法是错误的。无论是从事动物疫情监测、检验检疫、疫病研究与诊疗，还是进行动物饲养、屠宰、经营、隔离、运输等活动的单位和个人，在发现动物染疫或疑似染疫后，均应立即向当地兽医主管部门、动物卫生监督机构或动物疫病预防控制机构报告，同时要采取隔离等控制措施，防止动物疫情扩散。为此，我国《动物防疫法》第二十六条第一款明确规定："从事动物疫情监测、检验检疫、疫病研究与诊疗以及动物饲养、屠宰、经营、隔离、运输等活动的单位和个人，发现动物染疫或者疑似染疫的，应当立即向当地兽医主管部门、动物卫生监督机构或者动物疫病预防控制机构报告，并采取隔离等控制措施，防止动物疫情扩散。其他单位和个人发现动物染疫或者疑似染疫的，应当及时报告。"同时，该法第三十条还规定："任何单位和个人不得瞒报、谎报、迟报、漏报动物疫情，不得授意他人瞒报、谎报、迟报动物疫情，不得阻碍他人报告动物疫情。"

也就是说，从事动物疫情监测的单位在发现动物染疫或者疑似染疫的，应立即向当地兽医主管部门、动物卫生监督机构或动物疫病预防控制机构报告，不得授意他人瞒报、谎报、迟报动物疫情，也不得阻碍他人报告动物疫情，否则，将承担相应的法律后果。该法第七十二条明确规定了发现动物染疫或者疑似染疫后，瞒报、谎报、迟报、漏报或授意他人瞒报、谎报、迟报的法律后果，即"地方各级人民政府、有关部门及其工作人员瞒报、谎报、迟报、漏报或者授意他人瞒报、谎报、迟报动物疫情，或者阻碍他人报告动物疫情的，由上级人民政府或者有关部门责令改正，通报批评；对直接负责的主管人员和其他直接责任人员依法给予处分"。

由此可知，在上面的案例中，小赵的领导授意小赵不上报动物疫情，其做法是违反法律规定的，根据法律规定，上级人民政府或有关部门应责令其改正，并给予通报批评和相应的处分。

22. 是否必须经现场检疫后才可出具检疫证明、加施检疫标志?

案情回放

某地屠宰场负责人杨某按照规定,向当地动物卫生监督机构进行检疫申报。没过多久,杨某接到动物卫生监督机构检疫部门的电话,要求其提交一些资料。杨某按照要求提交了全部资料,三天后,杨某突然接到通知,要求其到动物卫生监督机构领取检疫证明、检疫标志。对此,杨某感到十分疑惑,动物卫生监督机构不是要到现场检疫后才能出具检疫证明、加施检疫标志的吗?请问,接到检疫申报后,是否必须经现场检疫后才可出具检疫证明、加施检疫标志?

案例评析

该地动物卫生监督机构的做法是违反法律规定的。动物卫生监督机构只有指派官方兽医经过现场检疫后,才可出具检疫证明、加施检疫标志。我国《动物防疫法》第四十二条第二款规定:"动物卫生监督机构接到检疫申报后,应当及时指派官方兽医对动物、动物产品实施现场检疫;检疫合格的,出具检疫证明、加施检疫标志。实施现场检疫的官方兽医应当在检疫证明、检疫标志上签字或者盖章,并对检疫结论负责。"

也就是说,动物卫生监督机构在接到检疫申报后,应立即指派官方兽医对实施现场进行检疫;在检疫合格之后,才能够出具检疫证明、加施检疫标志;并且进行检疫工作的兽医还需在检疫证明、加施的检疫标志上签字或盖章,对检疫结论负责。如果动物卫生监督机构及其工作人员违反上述规定,需要承担相应的法律责任。对此,该法第七十条明确规定,"动物卫生监督机构及其工作人员违反本法规定,有下列行为之一的,由本级人民政府或者兽医主管部门责令改正,通报批评;对直接负责的主管人员和其他直接责任人员依法给予处分:(一)对未经现场检疫或者检疫不合格的动物、动物产品出具检疫证明、加施检疫标志，或者对检疫合格的动物、动物产品拒不出具检疫证明、加施检疫标志的……”

由此可知，在上面的案例中，该地动物卫生监督机构的做法是违反法律规定的，在接到杨某的检疫申报后，应立即指派官方兽医对杨某的屠宰场进行现场检疫，而不得只让杨某提交材料，便出具检疫证明、加施检疫标志，所以，根据法律规定，该地人民政府或兽医主管部门有权责令其改正，并通报批评，对直接负责的主管人员和其他直接责任人员依法给予处分。

23. 动物检疫人员在监督检查中重复检疫收费的，要承担怎样的法律后果？

案情回放

小张和几个朋友一起组建了一个车队，主要负责运输肉类产品。按照相关规定，小张向当地动物卫生监督机构提交了检疫申请。经现场检疫，当地动物卫生监督机构向小张的车队出具了检疫证明并加施了检疫标志。过了一段时间后，当地动物卫生监督机构又对小张的车队进行监督检查，并要求小张交付相应的检疫费用。小张感到十分困惑，动物卫生监督机构进行监督检查，也需要收取检疫费用吗？后来，小张的一位律师朋友告诉他，动物卫生监督机构重复检疫收费是违反法律规定的，是需要承担法律后果的。那么，动物检疫人员在监督检查中重复检疫收费的，要承担怎样的法律后果？

案例评析

动物卫生监督机构及其工作人员在查验检疫证明、检疫标志时，可以进行监督抽查，但不可再次重复收取检疫费用。否则，当地人民政府或者兽医主管部门有权责令其改正，并进行通报批评；对直接负责的主管人员和其他直接责任人员依法给予处分。我国《动物防疫法》第四十三条明确规定：“屠宰、经营、运输以及参加展览、演出和比赛的动物，应当附有检疫证明；经营和运输的动物产品，应当附有检疫证明、检疫标志。对前款规定的动物、动物产品，动物卫生监督机构可以查验检疫证明、检疫标志，进行监督抽查，但不得重复检疫收费。”

也就是说，运输动物产品，必须附有检疫证明、检疫标志；动物卫生监督机构可以查验检疫证明、检疫标志，并可进行监督抽样，但是不可重复收取检疫费用，否则，动物卫生监督机构及其工作人员都需要承担相应的法律后果。对此，该法第七十条明确规定，“动物卫生监督机构及其工作人员违反本法规定，有下列行为之一的，由本级人民政府或者兽医主管部门责令改正，通报批评；对直接负责的主管人员和其他直接责任人员依法给予处分：……（二）对附有检疫证明、检疫标志的动物、动物产品重复检疫的……”

由此可见，在上面的案例中，当地动物卫生监督机构重复收取检疫费用的行为是违反法律规定的，当地人民政府或者兽医主管部门有权责令该动物卫生监督机构及其工作人员改正，并进行通报批评；对直接负责的主管人员和其他直接责任人员依法给予处分。

24. 运输动物的车辆装卸前后拒不清洗消毒的，如何处罚？

案情回放

陈师傅是一家养殖场的司机，主要负责运输购入的动物幼崽。前不久，陈师傅因家中有急事，卸货之后未清洗、消毒车辆，便匆匆离开了。第二天，接到养殖场紧急通知，需再运输一批猪仔。陈师傅到岗后，便直接开车前去运输猪仔。在运输途中，当地动物卫生监督机构例行监督检查，发现陈师傅的车未及时清洗、消毒，便责令其改正，并给予了警告，让其清洗消毒后再运输猪仔。但陈师傅却认为执法人员小题大做，拒不清洗消毒。那么，运输动物的车辆装卸前后拒不清洗消毒的，如何处罚？

案例评析

陈师傅的做法是错误的，运输动物的车辆装卸前后必须进行清洗消毒。我国《动物防疫法》第四十四条明确规定：“经铁路、公路、水路、航空运输动物和动物产品的，托运人托运时应当提供检疫证明；没有检疫证明的，承运人不得承运。运载工具在装载前和卸载后应当及时清洗、消毒。”也就是说，运输动物和动物产品，不仅需要有动物卫生监督机构开具的检疫证明，还需要在装载前和卸载后及时对车辆进行清洗、消毒。否则，动物卫生监督机构有权责令其改正，并给予警告；若仍拒不改正的，动物卫生监督机构可以处以违法行为人一千元以下罚款，并有权代作处理，而所需处理费用由违法行为人承担。对此，我国《动物防疫法》第七十三条规定，“违反本法规定，有下列行为之一的，由动物卫生监督机构责令改正，给予警告；拒不改正的，由动物卫生监督机构代作处理，所需处理费用由违法行为人承担，可以处一千元以下罚款：……（三）动物、动物产品的运载工具在装载前和卸载后没有及时清洗、消毒的。”

在上面的案例中，当地动物卫生监督机构发现陈师傅的车没有及时清洗、消毒，责令其改正，并给予了警告；但陈师傅仍拒不清洁、消毒，根据法律规定，动物卫生监督机构有权代其清洁、消毒，而所需费用由陈师傅承担。同时，还可以处其一千元以下的罚款。

25. 执行监督检查任务，可以采取哪些措施？

案情回放

上个月，小陈才刚刚正式入职某地动物卫生监督机构。经过一个月的学习和了解，小陈对动物卫生监督有了更加深入的了解。一日，小陈刚到单位，领导就安排小陈和几个同事，到当地某大型养鸡场执行监督检查任务。小陈与同事来到鸡场后，经现场检疫，发现有五分之一的鸡存在疑似感染鸡瘟的情况。一位同事当即打电话向领导汇报情况，其他同事则要求小陈，跟随他们对疑似染疫的鸡进行隔离。经过紧急处理，当地并没有暴发大规模的鸡瘟疫情。这件事对小陈影响很大。事后，小陈还查阅了有关动物卫生监督机构在执行监督检查任务时，可以采取的有关紧急措施。那么，执行监督检查任务时，可以采取哪些措施？

案例评析

为了能够更好地起到监督检疫的目的，避免疫情的扩散和蔓延，我国法律明确规定，动物卫生监督机构在执行监督检查任务时，可以采取必要的措施。我国《动物防疫法》第五十九条第一款规定了六种，执行监督检查任务时可采取的措施，即“动物卫生监督机构执行监督检查任务，可以采取下列措施，有关单位和个人不得拒绝或者阻碍：

（一）对动物、动物产品按照规定采样、留验、抽检；

（二）对染疫或者疑似染疫的动物、动物产品及相关物品进行隔离、查封、扣押和处理；

（三）对依法应当检疫而未经检疫的动物实施补检；

（四）对依法应当检疫而未经检疫的动物产品，具备补检条件的实施补检，不具备补检条件的予以没收销毁；

（五）查验检疫证明、检疫标志和畜禽标识；

（六）进入有关场所调查取证，查阅、复制与动物防疫有关的资料。”

由此可见，动物卫生监督机构在执行监督检查任务时，可以采取上述六种措施中的任意一种或者多种，有关单位和个人不得拒绝或阻碍。在上面的案例中，小陈和同事发现有疑似感染鸡瘟的情况后，立即对疑似染疫的鸡进行隔离，这完全符合法律的规定，鸡场负责人应当积极配合，不得拒绝或阻碍。

26. 作为动物卫生监督机构的官方兽医，能否开办私人动物诊所？

案情回放

张某是某地动物卫生监督机构的兽医，平时主要负责动物防疫监督检查工作。张某有两个孩子正在上高中，并且还有房贷、车贷，生活压力很大。有一次，张某听朋友说，现在开动物诊所很挣钱。于是，经过与家人商量后，决定在家附近开一个私人动物诊所。正在准备开办动物诊所的物品、器械时，张某在外地上大学的侄子放暑假回来，听说张某要开办私人动物诊所，赶忙阻止了他并称，张某是当地动物卫生监督机构的官方兽医，不能再开办私人动物诊所，否则要承担法律责任。那么，作为动物卫生监督机构的官方兽医，能否开办私人动物诊所？

案例评析

张某侄子的说法是正确的。我国《动物防疫法》第六十条第二款明确规定："动物卫生监督机构及其工作人员不得从事与动物防疫有关的经营性活动，进行监督检查不得收取任何费用。"也就是说，无论是动物卫生监督机构，还是其工作人员，均不可再从事与动物防疫有关的经营性活动，否则，需要承担相应的法律后果。该法第七十条明确规定了其违规法律后果，即"动物卫生监督机构及其工作人员违反本法规定，有下列行为之一的，由本级人民政府或者兽医主管部门责令改正，通报批评；对直接负责的主管人员和其他直接责任人员依法给予处分：……（三）从事与动物防疫有关的经营性活动，或者在国务院财政部门、物价主管部门规定外加收费用、重复收费的……"

由此可见，若动物卫生监督机构或其工作人员违反上述规定，从事与动物防疫有关的经营性活动，那么本级人民政府或者兽医主管部门有权责令其改正，并通报批评，且会对直接负责的主管人员和其他直接责任人员依法给予处分。因此，在上面的案例中，作为动物卫生监督机构官方兽医的张某，不能开设私人动物医院。

27. 明知不符合条件但仍颁发动物诊疗许可证的，应承担怎样的法律责任？

案情回放

老孙是某地兽医主管部门的工作人员，主要负责动物诊疗许可证的审批、发放等工作。2019 年 10 月，老孙的好友钱某找到他，称自己的表弟牛某打算开一家动物医院，希望他能帮帮忙，早点颁发动物诊疗许可证。老孙表示，一定会在法律规定范围内尽量帮忙的。2019 年 11 月，老孙按照规定对牛某提交的资料进行了审核，发现存在一些问题，尚不符合发证条件；但考虑到好友钱某的请求，且这些问题并不是特别严重。所以，老孙就向牛某颁发了动物诊疗许可证。那么，明知不符合条件但仍颁发动物诊疗许可证的，应承担怎样的法律责任？

案例评析

老孙的行为是违反法律规定的，需要承担相应的法律责任。我国《动物防疫法》第六十九条明确规定："县级以上人民政府兽医主管部门及其工作人员违反本法规定，有下列行为之一的，由本级人民政府责令改正，通报批评；对直接负责的主管人员和其他直接责任人员依法给予处分：……（二）对不符合条件的颁发动物防疫条件合格证、动物诊疗许可证，或者对符合条件的拒不颁发动物防疫条件合格证、动物诊疗许可证的……"

也就是说，若县级以上人民政府兽医主管部门及其工作人员，在明知申请人不符合条件的情况下，仍颁发动物防疫条件合格证、动物诊疗许可证，或在申请人明明已经符合条件的情况下，拒不颁发动物防疫条件合格证、动物诊疗许可证的，本级人民政府有权责令其改正，并给予通报批评；并且对直接负责的主管人员和其他直接负责人员依法给予处分。在上面的案例中，老孙明知牛某的动物诊所不符合条件，仍为其颁发动物诊疗许可证，明显违反了上述规定，理应承担相应的法律责任。

28. 伪造动物疫病监测、检测结果的，应承担怎样的法律责任？

案情回放

邢某是某地动物疫病预防控制机构的工作人员，主要负责动物疫病的监测和检测。前不久，邢某在对某鸭场进行疫病检测过程中，因家里临时有事，擅自离岗，但领导一直催要此次检测结果，为了能够按时上交检测结果，邢某便在其他同事都不在的时候，擅自伪造了一份动物疫情检测结果。那么，伪造动物疫情监测、检测结果的，应承担怎样的法律责任？

案例评析

邢某的行为是违反法律规定的，将受到法律的惩处。我国《动物防疫法》第七十一条明确规定："动物疫病预防控制机构及其工作人员违反本法规定，有下列行为之一的，由本级人民政府或者兽医主管部门责令改正，通报批评；对直接负责的主管人员和其他直接责任人员依法给予处分：（一）未履行动物疫病监测、检测职责或者伪造监测、检测结果的……"

由此可知，只要动物疫病预防控制机构及其工作人员擅自伪造动物疫情监测、检测结果的，本级人民政府或兽医主管部门就有权责令改正，给予其通报批评，并对直接负责的主管人员和其他直接责任人员依法给予处分。在上面的案例中，邢某擅自伪造动物疫情检测结果，当地人民政府或兽医主管部门有权责令其改正，并给予其相应的行政处分。

三 野生动物保护

29. 食用野生动物及其制品的，需要承担法律责任吗？

案情回放

甲市是国内有名的旅游城市，受当地旅游业的影响，甲市饭店的食客经常络绎不绝。A餐厅作为甲市的网红餐厅，为了吸引更多的游客，设计了各色的“野味”套餐，推出“野味套餐”先看后买、现选现做等服务。不久，在甲市联合整治餐饮服务业专项活动中，有关部门发现A餐厅所谓的“野味套餐”皆是以野生动物为原材料加工而成。那么，A餐厅是否需要承担法律责任？消费者是否需要承担责任？

案例评析

任何人、任何单位都不得为了一己私利，违反法律规定，食用非法购买国家重点保护的野生动物及其制品，否则都应当受到处罚。我国《野生动物保护法》第三十条第一款规定：“禁止生产、经营使用国家重点保护野生动物及其制品制作的食品，或者使用没有合法来源证明的非国家重点保护野生动物及其制品制作的食品。”该条第二款规定：“禁止为食用非法购买国家重点保护的野生动物及其制品。”该条是食用及生产、经营野生动物及其制品的违法性依据，而该法第四十九条规定：“违反本法第三十条规定，生产、经营使用国家重点保护野生动物及其制品或者没有合法来源证明的非国家重点保护野生动物及其制品制作食品，或者为食用非法购买国家重点保护的野生动物及其制品的，由县级以上人民政府野生动物保护主管部门或者市场监督管理部门按照职责分工责令停止违法行为，没收野生动物及其制品和违法所得，并处野生动物及其制品价值二倍以上十倍以下的罚款；构成犯罪的，依法追究刑事责任。”

可见，对于生产经营者来说，违反规定售卖野生动物及其制品的，由相关部门责令其停止违法行为，没收相关物品及违法所得，处以罚款，构成犯罪的，根据刑法相关规定处罚，主要是《刑法》第三百四十一条规定的非法猎捕、杀害珍贵、濒危野生动物罪。对于消费者来说，违反规定食用野生动物及其制品是违法行为，违法行为的依据为上述条文中的第三十条第二款，《野生动物保护法》第四十九条规定了法律责任。上面的例子中，对于A餐厅，相关部门可以没收餐厅内的野生动物，没收其违法所得，并处以罚款；对于餐厅内的消费者，应当耐心教育和指导，告诫其食用野生动物的隐患和对野生动物生存造成的危害，呼吁食客不要食用野生动物、不买相关制品，做好相关的宣传工作。对于不听劝阻，执意购买和食用的，相关部门可以依法予以口头警告或者罚款等。

30. 因疫源疫病监测需要猎捕受保护的野生动物的，需要履行怎样的手续？

案情回放

甲省野生动物研究院从设立之初便秉持着保护野生动物生命安全的理念，始终持续、密切关注属地范围内野生动物的生长状态和生活习惯，对甲省内野生动物的管理工作做出了巨大贡献。近期，该研究院准备对保护区内的野生动物进行相关的疫源、疫病检查和监测。试问，该种情况下，猎捕受保护的野生动物的，需要履行怎样的手续？

案例评析

基于疫源、疫病监测的需要而猎捕受保护的野生动物的，必须履行法定的申报批准程序。我国《野生动物保护法》第二十一条第一款规定：“禁止猎捕、杀害国家重点保护野生动物。”该条第二款规定：“因科学研究、种群调控、疫源疫病监测或者其他特殊情况，需要猎捕国家一级保护野生动物的，应当向国务院野生动物保护主管部门申请特许猎捕证；需要猎捕国家二级保护野生动物的，应当向省、自治区、直辖市人民政府野生动物保护主管部门申请特许猎捕证。”第二十二条规定：“猎捕非国家重点保护野生动物的，应当依法取得县级以上地方人民政府野生动物保护主管部门核发的狩猎证，并且服从猎捕量限额管理。”

所以，上面的例子中，该研究院应当根据待监测的野生动物的不同，向不同部门履行申请程序。首先是区分被猎捕的对象是否是国家重点保护的野生动物，对于猎捕非国家重点保护野生动物的，向县级以上地方人民政府野生动物保护主管部门申请核发狩猎证，并且服从猎捕量限额管理即可；对于猎捕国家重点保护动物的，其中，一级保护动物向国务院野生动物保护主管部门申请特许猎捕证；二级保护野生动物，向省、自治区、直辖市人民政府野生动物保护主管部门申请特许猎捕证。只有履行相关的申请手续，获得猎捕证明后才可以进行猎捕。

31. 猎捕、杀害野生动物的，是否需要承担刑事责任？

案情回放

在一次好友聚餐时，王某从朋友郑某、杜某等人处听闻，食用鹿肉、鹿血有活血、壮阳、延年益寿的效果，而且市场上售价也很高，很受大众欢迎。说者无心，听者有意，听完郑某等人的讲述，王某十分心动。之后，王某便在网上购买了20多个捕猎工具，打听到野生梅花鹿经常活动的区域后，王某和其他几个朋友驱车百里来到附近的梅花鹿活动地，一起安装了捕猎装置、挖好陷阱。最终捕获野生梅花鹿一头，王某等人将其杀死并高价出售。后被邻居举报，警察将其抓获。试问，本案中，王某捕杀并出售野生梅花鹿的行为，是否需要承担刑事责任？

案例评析

野生梅花鹿作为我国国家一级保护动物，非法捕杀是犯罪行为，应当承担相应的刑事责任。我国《刑法》第三百四十一条规定："非法猎捕、杀害国家重点保护的珍贵、濒危野生动物的，或者非法收购、运输、出售国家重点保护的珍贵、濒危野生动物及其制品的，处五年以下有期徒刑或者拘役，并处罚金；情节严重的，处五年以上十年以下有期徒刑，并处罚金；情节特别严重的，处十年以上有期徒刑，并处罚金或者没收财产……"也就是说，非法猎捕、杀害国家重点保护的珍贵、濒危野生动物的，会被处以五年以下有期徒刑或者拘役，并处罚金；如果犯罪情节严重、情节特别严重的，再根据上述条文分别处罚。

此外，《全国人民代表大会常务委员会关于全面禁止非法野生动物交易、革除滥食野生动物陋习、切实保障人民群众生命健康安全的决定》规定："一、凡《中华人民共和国野生动物保护法》和其他有关法律禁止猎捕、交易、运输、食用野生动物的，必须严格禁止。对违反前款规定的行为，在现行法律规定基础上加重处罚。"所以，结合该决定的规定，对非法猎捕、杀害国家重点保护的珍贵、濒危野生动物的犯罪行为，要在刑法规定的基础上加重处罚。上面的例子中，王某等人非法安装捕猎工具，捕杀野生梅花鹿并出卖，已经是犯罪行为，应当承担相应的刑事责任。并且，在本类案件中，出于保护珍稀野生动物的考量，对于犯罪人员应当在相应量刑幅度内加重处罚。

四　环境保护与公共场所卫生管理

32. 在哪些场所工作的人员需要持有健康证?

案情回放

暑假期间，大学生小李和小张通过网络招聘到A咖啡馆兼职工作。A咖啡馆认为小李和小张只是短时间兼职，无须办理健康合格证，再加上咖啡馆业务繁忙，于是A咖啡馆只对小李和小张进行了简单的培训，便立即安排他们负责清洁餐具、打扫卫生、接待顾客等工作。A咖啡馆的做法正确吗?

案例评析

我国《公共场所卫生管理条例》第七条规定:“公共场所直接为顾客服务的人员，持有‘健康合格证’方能从事本职工作。患有痢疾、伤寒、病毒性肝炎、活动期肺结核、化脓性或者渗出性皮肤病以及其他有碍公共卫生的疾病的，治愈前不得从事直接为顾客服务的工作。”同时，该条例第二条还明确列举了公共场所的范围:“……(一)宾馆、饭馆、旅店、招待所、车马店、咖啡馆、酒吧、茶座;(二)公共浴室、理发店、美容店;(三)影剧院、录像厅(室)、游艺厅(室)、舞厅、音乐厅;(四)体育场(馆)、游泳场(馆)、公园;(五)展览馆、博物馆、美术馆、图书馆;(六)商场(店)、书店;(七)候诊室、候车(机、船)室、公共交通工具。”

由此可见，为了防止疾病传播，保护消费者的健康权益，在公共场所直接为顾客服务的工作人员，无论是短期兼职还是正式就职，都必须进行健康检查，在取得有效的健康合格证明后才能上岗。所以，本案中，A咖啡馆作为公共场所，不为短期兼职员工办理健康合格证就让其从事直接为顾客服务的工作，其做法是错误的。对此，根据该条例第十四条的规定，卫生防疫机构可以根据情节轻重，给予警告、罚款、停业整顿、吊销“卫生许可证”的行政处罚。

33. 公共场所卫生监督工作由谁负责？其职责有哪些？

案情回放

周末早晨，王阿姨到家附近的公园跑步锻炼身体，发现公园湖边堆放了大量的生活垃圾，部分垃圾还漂浮在湖面上，散发出难闻的味道。王阿姨以为公园的相关负责人会自行处理，于是锻炼完后便离开了公园。几天后，王阿姨再次来到公园时，发现湖边的垃圾还在，于是立即打电话向本地的卫生健康局反映了情况。卫生健康局随后解决了此事，公园恢复了原来干净的样貌。那么，公共场所卫生监督工作到底应该由谁负责？其职责具体又有哪些呢？

案例评析

公共场所的人群相对密集，人口流动性较大，容易因为个体原因而遭受污染，进而增加传染性疾病的发生概率。因而，加强公共场所卫生监督管理显得尤为重要。《公共场所卫生管理条例》第十条规定：“各级卫生防疫机构，负责管辖范围内的公共场所卫生监督工作。民航、铁路、交通、厂（场）矿卫生防疫机构对管辖范围内的公共场所，施行卫生监督，并接受当地卫生防疫机构的业务指导。”由此可见，我国公共场所卫生监督管理工作主要是由各地卫生健康局负责。同时，根据该条例第十二条的规定，卫生防疫机构的职责主要有：对公共场所进行卫生监测和卫生技术指导；监督从业人员健康检查，指导有关部门对从业人员进行卫生知识的教育和培训。为最大限度地降低发生突发性公共卫生事件的风险，卫生防疫机构应当履行好自身的职责，加大对各类公共场所卫生的检查力度和抽查频率，将群众监督渠道等信息公开，及时发现问题和解决问题；并督促经营者、从业人员及时办理卫生许可证和健康合格证，定期组织培训，促使经营者不断加强内部卫生管理，从而为人们提供更加安全舒适的活动场所。

34. 公共场所卫生监督员的职责和义务有哪些?

案情回放

小严是一名新上任的公共场所卫生监督员，卫生健康局安排小严到某宾馆检查卫生。小严到达宾馆后，直接向宾馆的负责人小陈说明了自己的身份，并要求其交付卫生检查的书面资料。小陈见小严没有佩戴工作证章，也没有出示相关的证件，便拒绝了小严的请求，但小严仍旧强制向小陈索取资料，两人因此争吵起来。请问，小严的做法是否正确呢？公共场所卫生监督员的职责和义务有哪些？

案例评析

我国《公共场所卫生管理条例》第十一条第一款规定："卫生防疫机构根据需要设立公共场所卫生监督员，执行卫生防疫机构交给的任务。公共场所卫生监督员由同级人民政府发给证书。"公共场所卫生监督员是完成卫生监督工作的重要资源，有助于提高监督执法效率，其主要依据卫生行政部门或相应的监督管理机构交付的任务来行使监督职权。同时，该条例第十三条还规定了公共场所卫生监督员具体的职责和义务："卫生监督员有权对公共场所进行现场检查，索取有关资料，经营单位不得拒绝或隐瞒。卫生监督员对所提供的技术资料有保密的责任。公共场所卫生监督员在执行任务时，应佩戴证章、出示证件。"据此可知，卫生监督员承担了各种公共卫生事件的调查处理和公共场所的卫生保障工作，其工作性质本质上属于行政执法活动，因此应当严格按照法律的规定来履行职责，做到有法必依。本案中的小严在没有佩戴证章和出示证件的情形下，强制要求小陈交付资料，属于违法行政，是不正确的。

35. 卫生监督员滥用职权、收取贿赂的，应受到怎样的处罚？

案情回放

老王已经担任公共场所卫生监督员3年了，对各类检查事项都很熟悉，积累了丰富的实践经验。一次，老王去某家新开的餐馆进行日常检查，发现该餐馆并未取得卫生许可证，而且餐馆的环境脏乱，没有达到国家规定的卫生标准。餐馆的老板悄悄塞给了老王500元现金，声称三天之内一定会办好相关手续，老王便离开了餐馆。一个月后，老王再次对该餐馆检查时，发现其仍旧没有办理卫生许可证，环境卫生也没有改善，餐馆老板再次给了老王500元现金，老王便不再追问。又一个月后，老王的同事小郑来到该餐馆检查，发现了同样的问题，老板给小郑一笔现金，小郑果断拒绝，并询问老板，得知了事情的来龙去脉。小郑随即向单位反映了此事，那么，老王应当受到怎样的处罚？

案例评析

卫生监督员主要从事一些代表国家的行政活动，经常与群众接触，必须廉洁自律、作风正派、实事求是、忠于职守、秉公执法。我国《公共场所卫生管理条例》第十七条规定："公共场所卫生监督机构和卫生监督员必须尽职尽责，依法办事。对玩忽职守，滥用职权，收取贿赂的，由上级主管部门给予直接责任人员行政处分。构成犯罪的，由司法机关依法追究直接责任人员的刑事责任。"本案中老王在工作过程中，利用职务之便，非法收受他人财物，为他人谋取不正当利益，上级主管部门应当对其予以相应的行政处分。此外，如果卫生监督员在执法过程中，收取他人贿赂，情节严重，危害重大，构成犯罪的，还应受到更为严厉的刑事处罚。

36. 没有取得卫生许可证就擅自营业的，该如何处罚？

案情回放

小明自主创业开设了一家理发店，当地卫生健康局对其进行日常监督检查时，现场未查到卫生许可证，经营者小明也不能提供。经卫生健康局的工作人员调查得知，小明从事理发经营活动已经有两个月的时间，但是小明认为申请卫生许可证程序很复杂，便迟迟没有办理。对此，卫生健康局对小明予以警告，并处以罚款500元。那么，卫生健康局作出的行政处罚合理吗？

案例评析

《公共场所卫生管理条例》第八条规定："除公园、体育场（馆）、公共交通工具外的公共场所，经营单位应当及时向卫生行政部门申请办理'卫生许可证'。'卫生许可证'两年复核一次。"理发店为公共场所，经营者应当办理卫生许可证，方可开展理发经营活动。本案中的小明未取得卫生许可证，擅自经营，属于违法行为。对此，该条例第十四条规定："凡有下列行为之一的单位或者个人，卫生防疫机构可以根据情节轻重，给予警告、罚款、停业整顿、吊销'卫生许可证'的行政处罚：（一）卫生质量不符合国家卫生标准和要求，而继续营业的；（二）未获得'健康合格证'，而从事直接为顾客服务的；（三）拒绝卫生监督的；（四）未取得'卫生许可证'，擅自营业的。罚款一律上交国库。"另外，《公共场所卫生管理条例实施细则》第三十五条也规定："对未依法取得公共场所卫生许可证擅自营业的，由县级以上地方人民政府卫生计生行政部门责令限期改正，给予警告，并处以五百元以上五千元以下罚款……"因此，本案中的卫生健康局根据小明违法行为的情节轻重，给予其警告和罚款500元的行政处罚是合理的。

37. 对因卫生质量不合格被处罚的决定不服，拒不履行也不起诉的，卫生防疫机构可以怎么做?

案情回放

2019年10月21日，B县的卫生健康委员会对M酒吧的卫生状况进行检查，发现酒吧内部的通风设备已经损坏，空气不流通，且到处都是垃圾，也没有员工进行打扫，卫生质量严重不符合标准。于是，卫生健康委员会履行了行政处罚事先告知义务后，对M酒吧作出了警告和罚款2000元的处罚，该处罚决定于2019年10月22日送达M酒吧。直到2019年12月23日，M酒吧仍旧没有履行该行政处罚的相关内容，其间也没有申请复议和提起诉讼。那么，卫生健康委员会接下来可以怎么做?

案例评析

我国《公共场所卫生管理条例》第十四条规定："凡有下列行为之一的单位或者个人，卫生防疫机构可以根据情节轻重，给予警告、罚款、停业整顿、吊销'卫生许可证'的行政处罚:（一）卫生质量不符合国家卫生标准和要求，而继续营业的;（二）未获得'健康合格证'，而从事直接为顾客服务的;（三）拒绝卫生监督的;（四）未取得'卫生许可证'，擅自营业的。罚款一律上交国库。"所以，本案中卫生健康委员会对M酒吧的卫生质量不合格情形予以处罚是合法的。此外，该条例第十六条规定："对罚款、停业整顿及吊销'卫生许可证'的行政处罚不服的，在接到处罚通知之日起十五天内，可以向当地人民法院起诉。但对公共场所卫生质量控制的决定应立即执行。对处罚的决定不履行又逾期不起诉的，由卫生防疫机构向人民法院申请强制执行。"由此可知，卫生健康委员会可以向当地的法院申请强制执行对M酒吧作出的行政处罚决定。

38. 在保护环境方面，企业有着怎样的责任和义务？

案情回放

某水泥制品厂自设立后，一直经营生产水泥块状制品和水泥销售业务。后环保局接到群众举报，称该水泥厂存在堆放固体废弃物和噪声污染现象，影响了周边的居民生活。环保局调查发现，该水泥厂在正式投入生产前，未建设相应的防治污染设施，在经营期间也未建立环境保护责任制度和采取一定的防治污染措施，故对水泥厂予以行政处罚。水泥厂不服，认为其生产经营行为并没有造成污染环境的后果，不应受到处罚，便向法院提起诉讼。那么，水泥厂的请求会得到法院的支持吗？

案例评析

企业应当将实现经营目标与社会利益相统一，在追求自身经济利益最大化的同时，需要更多兼顾国家公共利益，承担保护环境、消除污染等社会责任。我国《环境保护法》第四章专门设定了污染防治的条文规则，其中第四十条第三款规定："企业应当优先使用清洁能源，采用资源利用率高、污染物排放量少的工艺、设备以及废弃物综合利用技术和污染物无害化处理技术，减少污染物的产生。"第四十一条规定："建设项目中防治污染的设施，应当与主体工程同时设计、同时施工、同时投产使用。防治污染的设施应当符合经批准的环境影响评价文件的要求，不得擅自拆除或者闲置。"第四十二条第二款规定："排放污染物的企业事业单位，应当建立环境保护责任制度，明确单位负责人和相关人员的责任。"可见，采取相应的防治污染措施，是企业对可能造成环境污染的一种事先预防行为，可以减少对环境的危害，当然，这也是企业必须履行的法定义务。本案中，水泥厂只要未履行相应程序，即违反了法律规定，至于在生产经营过程中，其是否造成环境污染和污染程度如何，不是构成违法行为与否的必要条件。因此，水泥厂的诉讼请求不能得到支持。

39. 企业违法排放污染物的，需要承担什么责任？

案情回放

2019 年 6 月，C 市环境保护局对 X 印刷公司的废水进行抽样检测，经检测，该公司处理池排放的废水水样中 pH 严重超标，于是环境保护局对印刷公司作出了《责令改正违法行为决定书》，责令其收到决定书后立即停止超标排放污染物的违法行为，拒不改正的，将实施按日连续处罚。一个月后，环境保护局再次检测印刷公司排放的废水，但是其仍不达标，环境保护局则依据法定程序，决定对该公司处以罚款 10 万元，并处以按日连续罚款（以每天 10 万元计算）。印刷公司认为环境保护局的处罚过重，不应实行按日连续处罚。请问，C 市环境保护局作出的行政处罚是否合理？

案例评析

企业因违法排放液体、气体、固体等污染物造成损害的，应当依照《民法典》中侵权责任编的有关规定承担民事侵权责任，赔偿被侵权人的损失。此外，还应受到相应的行政处罚，我国《环境保护法》第五十九条第一款规定："企业事业单位和其他生产经营者违法排放污染物，受到罚款处罚，被责令改正，拒不改正的，依法作出处罚决定的行政机关可以自责令改正之日的次日起，按照原处罚数额按日连续处罚。"本案中，印刷公司在生产经营过程中排放的废水超过了国家规定的水污染排放物的排放标准，且拒不改正，环保局对此作出了按日连续行政处罚决定，于法有据，应予支持。

同时，《环境保护法》第六十条规定："企业事业单位和其他生产经营者超过污染物排放标准或者超过重点污染物排放总量控制指标排放污染物的，县级以上人民政府环境保护主管部门可以责令其采取限制生产、停产整治等措施；情节严重的，报经有批准权的人民政府批准，责令停业、关闭。"第六十三条规定："企业事业单位和其他生产经营者有下列行为之一，尚不构成犯罪的，除依照有关法律法规规定予以处罚外，由县级以上人民政府环境保护主管部门或者其他有关部门将案件移送公安机关，对其直接负责的主管人员和其他直接责任人员，处十日以上十五日以下拘留；情节较轻的，处五日以上十日以下拘留：……（二）违反法律规定，未取得排污许可证排放污染物，被责令停止排污，拒不执行的；（三）通过暗管、渗井、渗坑、灌注或者篡改、伪造监测数据，或者不正常运行防治污染设施等逃避监管的方式违法排放污染物的……”如果排放污染物行为构成犯罪的，还应当承担刑事责任。因此，企业应当依法取得排污许可证，严格遵守污染物排放标准和控制排污总量，尽最大的努力减少环境污染。

第二章

突发公共卫生事件处理

一 报告、通报、公布、监测与预警

1. 相关人员和单位发现疫情时，遵循何种报告原则？

案情回放

D省发生流感疫情后，为遏制疫情蔓延势头，该省启动了突发公共卫生事件Ⅱ级应急响应，并按照相关要求，全面部署并建立了严格的疫情报告制度，及时向社会公开疫情实时情况。近日，D省E市中医院一天内确诊了十例流感病例，对于其收集到的相关病人信息，院方应当在遵循何种原则的前提下，向有关部门报告？

案例评析

总体上来说，我国《突发事件应对法》第四条规定："国家建立统一领导、综合协调、分类管理、分级负责、属地管理为主的应急管理体制。"其中，特别强调属地管理原则，是因为突发事件发生地政府机构的迅速灵活反应和及时处理，是有效遏制突发事件发展的关键，而疫情防控过程中最薄弱的环节在于流动人口，因此更加需要遵循属地管理原则，就地控制传染源，防止扩散。

《传染病防治法》第三十条明确指出，疾病预防控制机构、医疗机构和采供血机构及其执行职务的人员发现本法规定的传染病疫情或者其他传染病暴发、流行以及突发原因不明的传染病时，应当遵循疫情报告属地管理原则，按照国务院规定的或者国务院卫生行政部门规定的内容、程序、方式和时限报告。第三十一条又规定："任何单位和个人发现传染病病人或者疑似传染病病人时，应当及时向附近的疾病预防控制机构或者医疗机构报告。"

据此，本案中的D省E市中医院应当依循属地报告原则，履行疫情报告义务，严格按照D省所规定的具体要求，将其收集的信息以最快的方式报告给E市疾病预防控制机构。

2. 突发事件应急报告制度具体是怎样规定的？

案情回放

2019年3月14日，X市Y医院发现了不明原因的群体性疾病，重症人数不断增加。Y医院立即将该病情的所有相关资料报告给了X市卫生行政主管部门，X市卫生行政主管部门的主任王某接到报告后，安排工作人员次日到Y医院进行调查，然后于3月16日将此情况报告给了X市人民政府。请问，王某这样做符合突发公共卫生事件应急报告制度的要求吗？

案例评析

在突发事件处置中，最为重要的是时间环节。政府部门能否抢抓时间节点并采取果断措施，紧急行动，效果会大不一样。因此，我国《突发公共卫生事件应急条例》规定了应急报告的时限和程序，其中第十九条指出："国家建立突发事件应急报告制度。国务院卫生行政主管部门制定突发事件应急报告规范，建立重大、紧急疫情信息报告系统。有下列情形之一的，省、自治区、直辖市人民政府应当在接到报告1小时内，向国务院卫生行政主管部门报告：（一）发生或者可能发生传染病暴发、流行的；（二）发生或者发现不明原因的群体性疾病的；（三）发生传染病菌种、毒种丢失的；（四）发生或者可能发生重大食物和职业中毒事件的。国务院卫生行政主管部门对可能造成重大社会影响的突发事件，应当立即向国务院报告。"

同时第二十条规定："突发事件监测机构、医疗卫生机构和有关单位发现有本条例第十九条规定情形之一的，应当在 2 小时内向所在地县级人民政府卫生行政主管部门报告；接到报告的卫生行政主管部门应当在 2 小时内向本级人民政府报告，并同时向上级人民政府卫生行政主管部门和国务院卫生行政主管部门报告。县级人民政府应当在接到报告后 2 小时内向设区的市级人民政府或者上一级人民政府报告；设区的市级人民政府应当在接到报告后 2 小时内向省、自治区、直辖市人民政府报告。”

由此可见，本案中王某的做法是不正确的。作为 X 市卫生行政主管部门的主任，王某应当严格按照时限要求向上级报告当地发现的紧急疫情，其不仅应当在 2 小时内向 X 市人民政府报告，还要同时向上级和国务院的卫生行政主管部门报告，这样才符合法定的应急报告制度的要求，才能便于政府部门做应急处理。

3. 瞒报、谎报、缓报疫情的，后果如何？

案情回放

某年夏季，H 县某医院发现了多名传染性非典型肺炎确诊病例，该医院认为其具有暴发的风险，便将相关信息报告给了当地的疾病预防控制机构。疾病预防控制机构调查分析后，按照法定程序将此次事件报告给了县卫生行政部门。县卫生行政部门的负责人小费认为这并不是什么大事，而且为了避免引起不必要的群众恐慌，便没有再报告给本级政府等部门，并要求医院和疾病预防控制机构封锁消息，一律不得外传。请问，小费这样做正确吗？如果不正确，应当受到怎样的处罚？

案例评析

从事传染病防治工作的人员在得知本地已有传染病病例时，必须积极应对，坚持信息公开原则，依法履行传染病疫情通报、报告或者公布的职责。我国《突发公共卫生事件应急条例》第二十一条规定：“任何单位和个人对突发事件，不得隐瞒、缓报、谎报或者授意他人隐瞒、缓报、谎报。”《传染病防治法》第三十七条规定：“依照本法的规定负有传染病疫情报告职责的人民政府有关部门、疾病预防控制机构、医疗机构、采供血机构及其工作人员，不得隐瞒、谎报、缓报传染病疫情。”由此可见，卫生行政部门的负责人小费故意隐瞒本县传染性非典型肺炎的相关信息，属于违法行为。

《突发公共卫生事件应急条例》第四十五条规定，“县级以上地方人民政府及其卫生行政主管部门未依照本条例的规定履行报告职责，对突发事件隐瞒、缓报、谎报或者授意他人隐瞒、缓报、谎报的，对政府主要领导人及其卫生行政主管部门主要负责人，依法给予降级或者撤职的行政处分；造成传染病传播、流行或者对社会公众健康造成其他严重危害后果的，依法给予开除的行政处分；构成犯罪的，依法追究刑事责任”。《传染病防治法》第六十六条第一项也有相同的规定。因此，对于小费隐瞒传染病疫情的失职行为，应当依法给予降级或撤职的行政处分；若已经造成传染病传播、流行或者对社会公众健康造成其他严重危害后果的，将依法给予开除的行政处分；构成犯罪的，还需依法承担刑事责任。

4. 谁有权向政府及相关部门报告突发公共卫生事件隐患？

案情回放

小李是W省V市人民医院发热门诊部的一名在职医生。一年春节，小李一直在医院值班，其间小李发现每天都有部分病人出现相同的发烧、咳嗽、无力、胸闷等症状，而且相似病例数量一直在增加，部分病人病情越发严重。小李很担心，猜测其可能是传染性非典型肺炎，于是，向医院主管部门报告了此事，并以个人名义打电话向当地的卫生行政部门报告本市存在暴发非典疫情的风险，希望相关部门尽快采取措施。V市卫生行政部门的工作人员小皮回复说，小李无权报告突发事件隐患，需要其所在的医院进行报告。然后小皮便挂断电话，不再理会此事。那么，小皮的做法正确吗？

案例评析

为了及时发现突发公共卫生事件隐患，防止传染病等疫情的扩散，发挥群众的监督作用，我国《突发公共卫生事件应急条例》第二十四条规定：“国家建立突发事件举报制度，公布统一的突发事件报告、举报电话。任何单位和个人有权向人民政府及其有关部门报告突发事件隐患，有权向上级人民政府及其有关部门举报地方人民政府及其有关部门不履行突发事件应急处理职责，或者不按照规定履行职责的情况。接到报告、举报的有关人民政府及其有关部门，应当立即组织对突发事件隐患、不履行或者不按照规定履行突发事件应急处理职责的情况进行调查处理。对举报突发事件有功的单位和个人，县级以上各级人民政府及其有关部门应当予以奖励。”因此，任何单位和个人均有权将疫情可能暴发的情形报告给卫生行政部门，本案中的小李也不例外，而小皮的做法无疑是错误的。V 市卫生行政部门在接到小李的报告后，需要立即安排专业人员展开调查，对疫情存在的可能进行分析，并采取有效措施防止传染病的进一步扩散。

5. 谁有权对疫情信息进行公布？

案情回放

L 省近期暴发人感染高致病性禽流感，但是相关部门迟迟没有公布疫情相关信息，如确诊病例和死亡病例的数量。于是，网络上出现了各种不同关于禽流感的新闻报道、评论，一时难以区分真假，不明真相的市民也在微信群里转发各种信息，造成了一定程度的公众恐慌现象。那么，到底应由 L 省的哪个部门来负责公布禽流感疫情信息呢？

案例评析

“在疫情没有特效药的情形下，信息公开是最好的良药。”当疫情发生时，公众对被媒体广泛报道、有可能发生在自己身上的传染病风险，会有更强和更理性的认知，因此，及时公布权威准确的信息，能够缓解公众的焦虑情绪，消除疑虑，避免产生公众大规模恐慌，便于引导公众积极正确地应对和防护，遏制疫情扩散蔓延。根据我国《政府信息公开条例》第十九条的规定，疫情信息属于涉及公民切身利益和需要社会公众广泛知晓和参与的政府信息，行政机关应主动公开。同时，《传染病防治法》第三十八条规定："国家建立传染病疫情信息公布制度。国务院卫生行政部门定期公布全国传染病疫情信息。省、自治区、直辖市人民政府卫生行政部门定期公布本行政区域的传染病疫情信息。传染病暴发、流行时，国务院卫生行政部门负责向社会公布传染病疫情信息，并可以授权省、自治区、直辖市人民政府卫生行政部门向社会公布本行政区域的传染病疫情信息。公布传染病疫情信息应当及时、准确。"因此，各级卫生行政部门是疫情信息的公开义务机关。本案中，L省暴发人感染高致病性禽流感，属于传染病疫情，应当由L省卫生健康委员会对禽流感疫情信息进行权威发布，从而为疫情防控有序顺畅地开展提供保障，缓解民众恐慌心理。

6. 各部门应如何对疫情进行监测？

案情回放

2018年春季，B省G市发生了小范围内的H7N9型禽流感疫情，大概一个月后该市疫情完全消除，没有造成其他地区的感染。但是，这也引发了全国的广泛关注。C省紧邻B省，为了能够在一定程度上避免或者有效应对H7N9型禽流感疫情在本省发生的可能，C省各部门应如何对疫情进行监测？

案例评析

疫情监测是预警和应急的基础。为了迅速、有效应对突发公共卫生事件，必须及时发现、掌握、分析有关信息，对可能发生的公共卫生事件的各种现象进行监测。我国《突发事件应对法》第四十一条明确指出：“国家建立健全突发事件监测制度。县级以上人民政府及其有关部门应当根据自然灾害、事故灾难和公共卫生事件的种类和特点，建立健全基础信息数据库，完善监测网络，划分监测区域，确定监测点，明确监测项目，提供必要的设备、设施，配备专职或者兼职人员，对可能发生的突发事件进行监测。”

具体到本案中，首先，在C省政府、卫生行政部门的统一监督管理下，当地应当构建覆盖各级各地区疾病预防控制机构、医疗卫生机构和卫生行政部门的信息网络系统，形成信息监测体系。其次，C省各级疾病预防控制机构需主动全面地收集、分析H7N9型禽流感疫情相关信息，建立相应的数据库，为后续疫情风险评估、风险管理、风险沟通提供数据支撑。最后，实施网格化监测，细化监测区域，确定疫情监测主体和责任。C省各个医疗机构应该承担责任范围内传染病疫情监测信息报告任务，各级卫生行政部门则必须对医疗卫生机构负责的传染病疫情监测信息报告情况，定期进行监督、检查和指导。

7. 预警分为哪些级别，应分别由哪些部门发布，发布预警后需要采取哪些措施？

案情回放

2019年12月，P省的两个市均发生了新型冠状病毒肺炎疫情，全省累计确诊病例3例，累计追踪到密切接触者75人，全部进行了医学隔离。后来，新冠肺炎疫情在全国范围内蔓延，P省政府结合本省的疫情现状，经研究决定，在全省发布了公共卫生突发事件一级预警警报。请问，P省政府可以发布预警吗？如果可以，接下来需要采取哪些措施？

案例评析

预警，是指在已经发现可能引发突发事件的某些征兆，但突发事件还未发生前所采取的措施。建立健全预警制度是为了告知社会公众突发事件即将发生的信息，以提前做好应对突发事件的准备。我国《突发事件应对法》第四十二条规定："国家建立健全突发事件预警制度。可以预警的自然灾害、事故灾难和公共卫生事件的预警级别，按照突发事件发生的紧急程度、发展势态和可能造成的危害程度分为一级、二级、三级和四级，分别用红色、橙色、黄色和蓝色标示，一级为最高级别。预警级别的划分标准由国务院或者国务院确定的部门制定。"同时，第四十三条规定，"……县级以上地方各级人民政府应当根据有关法律、行政法规和国务院规定的权限和程序，发布相应级别的警报，决定并宣布有关地区进入预警期，同时向上一级人民政府报告，必要时可以越级上报，并向当地驻军和可能受到危害的毗邻或者相关地区的人民政府通报。"另外，《传染病防治法》第十九条规定："……国务院卫生行政部门和省、自治区、直辖市人民政府根据传染病发生、流行趋势的预测，及时发出传染病预警，根据情况予以公布。"由此可见，本案中P省的疫情已经具有扩散趋势，为了有效控制疫情，保护公民的生命健康和安全，由该省政府发布一级预警是正确的。

同时，《突发事件应对法》第四十四条规定，发布三级、四级警报，宣布进入预警期后，县级以上地方各级人民政府应当根据即将发生的突发事件的特点和可能造成的危害，采取下列措施：

（一）启动应急预案；

（二）……及时收集、报告有关信息，向社会公布反映突发事件信息的渠道，加强对突发事件发生、发展情况的监测、预报和预警工作；

（三）组织有关部门和机构、专业技术人员、有关专家学者，随时对突发事件信息进行分析评估，预测发生突发事件可能性的大小、影响范围和强度以及可能发生的突发事件的级别；

（四）定时向社会发布与公众有关的突发事件预测信息和分析评估结果，并对相关信息的报道工作进行管理；

（五）及时按照有关规定向社会发布可能受到突发事件危害的警告，宣传避免、减轻危害的常识，公布咨询电话。

《突发事件应对法》第四十五条还规定，发布一级、二级警报，宣布进入预警期后，县级以上地方各级人民政府除了采取本法第四十四条规定的措施外，还应当……采取下列一项或者多项措施：

（一）责令应急救援队伍、负有特定职责的人员进入待命状态，并动员后备人员做好参加应急救援和处置工作的准备；

（二）调集应急救援所需物资、设备、工具，准备应急设施和避难场所，并确保其处于良好状态、随时可以投入正常使用；

（三）加强对重点单位、重要部位和重要基础设施的安全保卫，维护社会治安秩序；

（四）采取必要措施，确保交通、通信、供水、排水、供电、供气、供热等公共设施的安全和正常运行；

（五）及时向社会发布有关采取特定措施避免或者减轻危害的建议、劝告；

（六）转移、疏散或者撤离易受突发事件危害的人员并予以妥善安置，转移重要财产；

（七）关闭或者限制使用易受突发事件危害的场所，控制或者限制容易导致危害扩大的公共场所的活动；

（八）法律、法规、规章规定的其他必要的防范性、保护性措施。

因此，P省政府依法发布疫情一级预警后，还需要按照上述规定做好统一部署安排，调动一切资源，集全省之力开展防控工作，并保障上述各项措施的贯彻实施，以防止疫情扩散。

二 应急处置与救援

8. 公共卫生事件发生后，应采取哪些应急处置措施？

案情回放

不久前，A县人民医院急诊科来了一名患者，经检查，该名患者可能患有甲类传染病。急诊科主任廖某当即向医院报告了病例，因检查结果尚未出来，该院便提醒医护人员加强防护，并对患者和密切接触者采取了隔离措施。后患者的检查报告证实其的确患有某种甲类传染病，A县人民医院立即将此事向主管部门上报，申请对医院采取必要的隔离措施并在A县内展开检疫工作。由于当时A县正在举行近几年最大型的商业展览会，外地慕名而来的游客不在少数。有关部门担心向社会公众发布公告说明此事会引发群众恐慌，带来不良影响，遂未采取任何防控措施。但正是由于该部门的疏忽，导致该传染病在A县大肆蔓延，继而影响到了几个相邻省市。请问，A县的做法正确吗？发生公共卫生事件之后，医疗机构、疾病预防控制机构、县级以上人民政府应该采取哪些应急处置措施？

案例评析

A县的做法不正确。在我国，甲类传染病属于传染性极强、危害极大的传染病，发现甲类传染病之后，医疗机构、县级以上人民政府及其有关部门应当及时采取应急处置措施，防止病毒进一步蔓延。根据我国《传染病防治法》第三十九条规定，医疗机构发现甲类传染病时，应及时采取以下措施：

一是要对病人和病原携带者进行隔离治疗，在指定场所对疑似病人进行单独隔离治疗。若前述人员不予以配合的，可请公安机关予以协助，采取强制隔离治疗措施。二是要在指定场所对医疗机构内的病人、病原携带者、疑似病人的密切接触者采取医学观察以及其他必要的预防措施。三是要依法对医疗机构内被传染病病原体污染或可能污染的场所、物品、医疗废物实施消毒和无害化处置。若发现乙类或者丙类传染病病人的，医疗机构应当根据病情采取必要的治疗和控制传播措施。

根据《传染病防治法》第四十条、第四十一条以及《突发事件应对法》第四十九条的规定，发现甲类传染病后，除在指定场所对病人、病原体携带者、疑似病人、密切接触者采取医学观察及其他必要的预防措施外，县级以上人民政府及其有关部门应当采取的应急处置措施还包括以下内容：就疾病预防控制机构而言，其一是要对传染病疫情进行流行病学调查，然后根据调查情况提出划定疫点或疫区的建议，向卫生行政部门提出疫情控制方案，并按照卫生行政部门的要求采取措施；其二是要依法对被污染的场所（疫点、疫区）进行卫生处理；其三是要指导下级疾病预防控制机构采取传染病预防、控制措施，组织、指导有关单位对传染病疫情的处理等。

就县级以上地方人民政府而言，其应立即组织资源和力量，按照传染病预防、控制预案进行防治，以期切断传染病的传播途径。必要时，经上一级人民政府决定，县级以上地方人民政府可以采取以下措施并予以公告：第一，限制或者停止集市、影剧院演出、宴会或者其他群众聚集性的活动；第二，停工、停业、停课；第三，封闭、封存被传染病病原体污染的公共饮用水源、食品以及相关物品，封闭可能造成传染病扩散的场所；第四，控制或者扑杀染疫野生动物、家畜家禽；第五，实施交通管制，开展交通卫生检疫检查；第六，启用本级人民政府设置的财政预备费和储备的应急救援物资，必要时调用其他急需物资、设备、设施、工具，保障食品、饮用水、燃料等基本生活必需品的供应，依法从严惩处囤积居奇、哄抢财物、哄抬物价、制假售假等扰乱市场秩序、社会秩序的行为。

案例中，A县人民医院在发现甲类传染病后，依法对病人及其密切接触者采取了隔离治疗措施，并将有关事宜报告给主管部门，其做法是正确的。根据前述法律法规的规定，该医院还应当加强防护，对可能被传染病病毒污染的场所、物品进行消毒和无害化处理，以免前述物品和场所成为传播病毒的载体。但是，A县人民政府及有关部门的做法是错误的。在区域内已经确诊出现甲类传染病的情况下，其应当立即采取应急处置措施，如向上一级政府报告、进行流行病学调查、对被污染的场所（疫点、疫区）进行卫生处理、确定疫情防控方案并视情况采取防控措施，指导下级部门进行疫情防控等，而不是置若罔闻，消极防疫。

9. 在疫情发生后，各街道、基层社区应采取什么措施？

案情回放

2019年7月，甲省乙市开展了一次以“居安思危　防治传染病中无小事”为主题的教育活动。金福社区组织志愿者在活动开幕式上通过演小品的方式为观众们呈现了疫情发生之后传染病病人、一线抗疫人员以及志愿者的抗疫故事。小品中扮演社区工作人员的小黄，对这次表演感触颇深。他说，没有想到一个小小的社区工作人员，也可以为防控疫情做这么多事。以前我一直觉得社区的人就管管社区环境卫生，调解一下邻里纠纷就好了，还对他们抱有情绪，现在加深了对他们的了解，以后一定会积极配合他们的工作的。在一旁扮演街道工作人员的小林也有这样的感慨。那么，在疫情发生之后，街道办事处、居民委员会、村民委员会应当做哪些工作、采取哪些措施呢？

案例评析

疫情发生之后，街道办事处和居民委员会、村民委员会应当根据当地政府的决定，积极做好疫情防控工作。我国《突发事件应对法》第五十五条规定：“突发事件发生地的居民委员会、村民委员会和其他组织应当按照当地人民政府的决定、命令，进行宣传动员，组织群众开展自救和互救，协助维护社会秩序。”第二十九条第一款、第二款规定：“县级人民政府及其有关部门、乡级人民政府、街道办事处应当组织开展应急知识的宣传普及活动和必要的应急演练。居民委员会、村民委员会、企业事业单位应当根据所在地人民政府的要求，结合各自的实际情况，开展有关突发事件应急知识的宣传普及活动和必要的应急演练。”《突发公共卫生事件应急条例》第四十条也规定：“传染病暴发、流行时，街道、乡镇以及居民委员会、村民委员会应当组织力量，团结协作，群防群治，协助卫生行政主管部门和其他有关部门、医疗卫生机构做好疫情信息的收集和报告、人员的分散隔离、公共卫生措施的落实工作，向居民、村民宣传传染病防治的相关知识。”

根据前述规定可知，发生疫情之后，街道办事处和居民委员会、村民委员会应当积极组织力量，按照当地人民政府的决定和命令开展工作，做好宣传教育工作，组织人民群众进行自救、互救，协助有关部门开展疫情信息的摸查和报告工作、人员的分散隔离工作、卫生处理工作。例如，根据区域内居民（村民）信息，访查是否与传染病病人、疑似病人等有过密切接触，近期是否到访或途经过疫点、疫区，等等。

在疫情结束之后，街道办事处和居民委员会、村民委员会还应当积极地组织群众开展有关突发公共卫生事件应急知识的宣传普及活动以及必要的应急演练活动，增强人民群众对相关事件和知识的认识，提升其应对突发事件的能力。可见，街道办事处和居民委员会、村民委员会在疫情防控中承担了许多细致的工作，始终走在抗疫第一线。也正因如此，案例中的小黄和小林才会认识到基层工作人员工作的不易，对基层工作人员改变了以往的态度和看法。

10. 受到公共卫生事件影响的单位，需要采取哪些措施？

案情回放

2020年年初，新型冠状病毒来势汹汹地侵扰了包括我国在内的多个国家和地区。2020年3月，我国境内的疫情逐渐得到控制，各地开始有序复工复产。凌某是某省A市人，国内疫情暴发期间，其与妻子正在欧洲旅游。2020年3月3日，凌某与妻子归国，经过14天的隔离观察期之后，二人各自回到了工作岗位。上班3天后，凌某突然出现身体不适症状，到医院检查，被确诊为新冠肺炎病例。凌某所在的公司随即收到了凌某的消息，该公司只知道需要采取措施防止疫情扩散，但并无处理类似事件的经验。请问，受到公共卫生事件影响的单位，需要采取哪些措施？

案例评析

我国《突发事件应对法》第五十六条明确规定："受到自然灾害危害或者发生事故灾难、公共卫生事件的单位，应当立即组织本单位应急救援队伍和工作人员营救受害人员，疏散、撤离、安置受到威胁的人员，控制危险源，标明危险区域，封锁危险场所，并采取其他防止危害扩大的必要措施，同时向所在地县级人民政府报告；对因本单位的问题引发的或者主体是本单位人员的社会安全事件，有关单位应当按照规定上报情况，并迅速派出负责人赶赴现场开展劝解、疏导工作。突发事件发生地的其他单位应当服从人民政府发布的决定、命令，配合人民政府采取的应急处置措施，做好本单位的应急救援工作，并积极组织人员参加所在地的应急救援和处置工作。"《突发公共卫生事件应急条例》第三十六条还规定："国务院卫生行政主管部门或者其他有关部门指定的专业技术机构，有权进入突发事件现场进行调查、采样、技术分析和检验，对地方突发事件的应急处理工作进行技术指导，有关单位和个人应当予以配合；任何单位和个人不得以任何理由予以拒绝。"

可见，对于因本单位或本单位的工作人员引发的安全卫生事件，相应单位应当依法向有关部门报告，配合有关部门开展工作。同时，应明确危险区域，封锁危险场所，并采取其他的必要措施以防止危害进一步扩大；对当地其他单位而言，则应当服从人民政府的决定和命令，积极配合其采取的应急处置措施，如卫生处理、停产停业等，做好单位的应急处置工作。上面的案例中，凌某在复工之后被确诊为新冠肺炎患者，凌某所在公司应在第一时间向有关部门上报该情况，按照当地政府的指示、决定、命令开展应急处置工作。同时，该公司应对凌某的工位等场所进行消毒及卫生处置，排查与凌某有过密切接触的员工，根据实际情况停工停产，以免疫情影响进一步扩大。与凌某所在公司相邻或相近的公司应当配合当地政府的决定和命令，采取相应的应急处置措施。

11. 在对突发事件应对措施的选择上，应遵循怎样的原则？

案情回放

2018 年 12 月，K 市人民医院发现 5 例不明原因病例，由于 5 名患者的症状相似，医护人员初诊为食物中毒，便予以对症治疗。两日后，首次接诊的医护人员依次被发现与这些患者出现相似症状，该医院认为是某种传染病，于是第一时间上报当地疾控中心并采取了相应的应急处置措施。K 市人民政府及有关部门收到报告后，立即召开会议，组织工作人员到现场了解情况、进行流行病学调查。参会人员贾某认为应当立即封闭 K 市人民医院；参会人员余某则认为具体的防控措施应当在查清病因之后再根据具体情况展开，现在采取应急处置措施为时尚早，且容易引发公众恐慌。请问，在对突发事件应对措施的选择上，应遵循怎样的原则？

案例评析

我国《突发事件应对法》第十一条规定：“有关人民政府及其部门采取的应对突发事件的措施，应当与突发事件可能造成的社会危害的性质、程度和范围相适应；有多种措施可供选择的，应当选择有利于最大程度地保护公民、法人和其他组织权益的措施。公民、法人和其他组织有义务参与突发事件应对工作。”根据该规定可知，应对突发事件时，有关人民政府及其部门采取的措施应当合法合理，要采取与不同的突发事件可能造成的社会危害及其性质、范围、程度相适应的措施，落实相应的应急预案。如果有多种措施可以选择的，则应在衡量各类措施对公民、法人及其他组织和社会发展的影响之后，选择最有利于维护公民、法人和其他组织合法权益的措施。需要注意的是，公民、法人和其他组织也有参与应急处置措施的权利和义务。

上述案例中，K市人民医院发现不明原因病例并出现了医护人员感染的情况，这一情况是值得引起重视的。虽然尚未查明原因，但突发事件的应急工作本就应坚持预防为主的方针，故K市人民政府及有关部门仍然应当根据已出现的情况采取相应的措施，如案例中已经作出的到现场查看情况，进行流行病学调查，等等。至于是否应当封闭K市人民医院，则应在衡量此次突发事件可能造成的社会危害的性质、程度和范围之后确定，以最大程度维护公民、法人和其他组织的合法权益。对此，K市人民政府及有关部门可以听取有关专家的意见，最终综合决定采取相关的应急处理措施。

三 疫情控制

12. 医疗机构发现甲类传染病时，应当采取哪些措施?

案情回放

某日晚上19:30，某市医院传染病科的医生张某在查房时，发现一名男性肝病患者存在剧烈腹泻、呕吐等异常反应，随即上报给院方。院方立即组织了一场针对该肝病患者的多学科专家会诊，经过诊断和检测，该名患者被确诊为霍乱患者。那么，在这种情况下，医院应当立即采取哪些措施呢?

案例评析

根据法律规定，霍乱和鼠疫属于我国甲类传染病，是最高级别的烈性传染病，需要进行强制、及时的管理。根据《传染病防治法》第三十九条规定："医疗机构发现甲类传染病时，应当及时采取下列措施：（一）对病人、病原携带者，予以隔离治疗，隔离期限根据医学检查结果确定；（二）对疑似病人，确诊前在指定场所单独隔离治疗；（三）对医疗机构内的病人、病原携带者、疑似病人的密切接触者，在指定场所进行医学观察和采取其他必要的预防措施。拒绝隔离治疗或者隔离期未满擅自脱离隔离治疗的，可以由公安机关协助医疗机构采取强制隔离治疗措施。……医疗机构对本单位内被传染病病原体污染的场所、物品以及医疗废物，必须依照法律、法规的规定实施消毒和无害化处置。"

由此可见，在上述案例中，某市医院在发现确诊的霍乱患者时，应当立即对其进行隔离治疗，对其密切接触者进行医学观察等预防措施，对于他所接触的物品、场所等也要进行消毒。如果该患者不配合隔离治疗，医院可以告知公安机关予以协助。

13. 疾病预防控制机构在接到传染病报告时，应当采取哪些措施呢？

案情回放

2019 年 1 月 12 日，某县医院收治了一名轻度肝炎患者。患者入院之后，陆续出现了高热不退、恶心呕吐、呼吸困难等急性症状，医院在给患者进行初期抗感染治疗的同时，于 1 月 14 日组织了专家会诊，并采集病人的胸腔积液送到实验室进行检测。经过专家会诊和实验室检测，该名患者确诊为禽流感，于是医院迅速将情况上报给了县疾病预防控制中心。那么，县疾病预防控制中心在接到传染病报告时，应当采取哪些措施呢？

案例评析

依据《传染病防治法》第四十条规定：“疾病预防控制机构发现传染病疫情或者接到传染病疫情报告时，应当及时采取下列措施：（一）对传染病疫情进行流行病学调查，根据调查情况提出划定疫点、疫区的建议，对被污染的场所进行卫生处理，对密切接触者，在指定场所进行医学观察和采取其他必要的预防措施，并向卫生行政部门提出疫情控制方案；（二）传染病暴发、流行时，对疫点、疫区进行卫生处理，向卫生行政部门提出疫情控制方案，并按照卫生行政部门的要求采取措施；（三）指导下级疾病预防控制机构实施传染病预防、控制措施，组织、指导有关单位对传染病疫情的处理。”

因此，在上述案例中，该县疾病预防控制中心在收到县医院的传染病报告时，应当及时采取措施，对禽流感进行流行病学调查，划定疫点、疫区，对必要的场所和物品进行卫生处理，对密切接触者进行医学观察等，防止出现传染病扩散。

14. 因疫情应当隔离的人员拒绝隔离的，政府部门应该如何处理？

案情回放

新冠肺炎疫情在全球蔓延，各地防控工作都在有条不紊地开展。然而，某地派出所近日接到群众举报称，位于某县某某街道的山水小区 24 栋有被隔离人员滋事。民警到达现场后了解到，居住在 24 栋 1 单元 203 的高某彤是一名德国留学生，于 2020 年 2 月 11 日乘坐 C123 次航班从德国汉堡返回国内，经向居委会报备后，高某彤开始进行居家隔离。但是在隔离期间，高某彤并没有严肃认真地对待自己的行为，多次外出跑步，下楼取快递、拿外卖等，引发群众的恐慌和不满。当地社区负责人对高某彤劝说无果，还被高某彤用水泼了一身。那么，对于这种应当隔离的人员拒绝隔离的，政府部门应当如何处理呢？

案例评析

在疫情暴发时，主动报告和隔离是每个公民的责任，也是法定义务，只有人人做到主动报告、自觉隔离，才能有效阻断传染病毒的传播途径，拒绝隔离害人害己害社会。根据我国《突发公共卫生事件应急条例》第四十四条规定：“在突发事件中需要接受隔离治疗、医学观察措施的病人、疑似病人和传染病病人密切接触者在卫生行政主管部门或者有关机构采取医学措施时应当予以配合；拒绝配合的，由公安机关依法协助强制执行。”

此外，《传染病防治法》第三十九条第二款也同时规定：“拒绝隔离治疗或者隔离期未满擅自脱离隔离治疗的，可以由公安机关协助医疗机构采取强制隔离治疗措施。”

由此可见，在上述案例中，高某彤在各国疫情暴发期间选择返回国内，属于应当隔离观察的人员，高某彤负有严格居家隔离观察的法定义务。在隔离期内，高某彤不得擅自外出，所以她外出跑步、取外卖、取快递等行为已经违反了法律禁止性规定，属于违法行为，这种情况可以由公安机关协助医疗机构采取强制隔离措施。

15. 对被隔离人员提供生活保障是政府的义务吗？

案情回放

小罗是从国外返京的一名留学生，返京之后就在北京辖区某酒店自行隔离。与小罗情况相同的还有近10名境外归国人员。他们在隔离的过程中，受到了来自辖区工作人员的温暖关怀，辖区工作人员特别注意与这些被隔离人员的沟通交流，尽全力解决他们生活上的困难。据小罗回忆，辖区工作人员每天都会跟她联系，询问她的健康状况和生活需求，如果遇到帮助采购物资的请求，辖区工作人员会第一时间满足她的需求，这让被隔离人员在艰难的隔离时期，感受到了春天般的温暖。那么，对被隔离人员提供生活保障是政府应尽的义务吗？

案例评析

在传染病疫情暴发的时候，疫情就是命令，防控就是责任。无论是居家隔离还是到指定场所隔离，被隔离的人员都应当自觉履行自己的隔离义务，当然，被隔离的人员，也有获得基本生活保障的权利。根据《传染病防治法》第四十一条的明文规定："对已经发生甲类传染病病例的场所或者该场所内的特定区域的人员，所在地的县级以上地方人民政府可以实施隔离措施，并同时向上一级人民政府报告；接到报告的上级人民政府应当即时作出是否批准的决定。上级人民政府作出不予批准决定的，实施隔离措施的人民政府应当立即解除隔离措施。在隔离期间，实施隔离措施的人民政府应当对被隔离人员提供生活保障；被隔离人员有工作单位的，所在单位不得停止支付其隔离期间的工作报酬。隔离措施的解除，由原决定机关决定并宣布。”

由此可见，在隔离期间，政府应当保障被隔离人员最基本的生活需求，这是政府的法定义务，也是政府执政为民情怀的具体体现。法律如此规定，为被隔离人员吃下了一颗定心丸，为防疫工作人员提供了工作指南，这能够有效保障被隔离人员在隔离期间的生活质量，促进防疫工作的顺利进行。

16. 传染病暴发、流行时，可以采取哪些紧急措施？

案情回放

2018 年 3 月 11 日，某县暴发某甲级传染病，该县立即启动“重大突发公共卫生事件二级响应”。尽管县政府和疾控中心及时、果断地采取了防控措施，但还是发生了一起聚集性暴发传染病的事件。事件发生在该县第一中学，该中学某个班级出现了 20 多名传染病病例，占将近全班总数的一半。考虑到学校等场所人员密集，发生聚集性传染事件的可能性极高，县政府当机立断，在全县发布了停课通知，所有学生回家待课。疫情当前，停课可谓是一项非常有效的紧急措施，然而，在传染病暴发、流行时，除了停课，还可以采取哪些紧急措施呢？

案例评析

根据《传染病防治法》第四十二条规定：“传染病暴发、流行时，县级以上地方人民政府应当立即组织力量，按照预防、控制预案进行防治，切断传染病的传播途径，必要时，报经上一级人民政府决定，可以采取下列紧急措施并予以公告：（一）限制或者停止集市、影剧院演出或者其他人群聚集的活动；（二）停工、停业、停课；（三）封闭或者封存被传染病病原体污染的公共饮用水源、食品以及相关物品；（四）控制或者扑杀染疫野生动物、家畜家禽；（五）封闭可能造成传染病扩散的场所。上级人民政府接到下级人民政府关于采取前款所列紧急措施的报告时，应当即时作出决定。紧急措施的解除，由原决定机关决定并宣布。”

由此我们不难发现，紧急措施是应对传染病疫情暴发的有效措施。应当注意，紧急措施的采取不能随便进行，需要严格遵循法定程序。根据法律规定，县级以上地方人民政府只有在报经上一级人民政府决定时才能采取紧急措施，具体措施除了停课，还包括停工、停业、禁止聚集性活动、封闭病原体污染的源头和场所、扑杀染疫动物等。

17.“封城”由哪个部门来决定？

案情回放

2020年2月中旬，在新冠肺炎疫情日益严峻的形势下，全国各地迅速升级疫情防控措施。为了最大限度地切断新冠病毒的传播途径，保障人民的生命安全，某省当局在某市发布了紧急通告，宣布“封城”。该紧急通告显示，自2020年2月20日起，全市的对外交通全部关闭，大中小学幼儿园一律停课，工厂企业停工、停产、停业。镇与镇之间、村与村之间的通道全部封锁。市民从2月20日起自行居家隔离，非有紧急情况未经报备不得外出。这些措施的实行，有效地遏制了病毒的传播，打响了疫情防控战疫响当当的一炮。那么，对于“封城”这种紧急防控措施，哪个部门有权来决定呢？

案例评析

“封城”作为一项紧急的防控措施，影响重大、波及范围广，是一把双刃剑——虽能有效切断病毒传播途径，却也对城市的发展速度产生滞缓影响，很多中小企业在此期间破产倒闭，所以非紧急、必要情况下不能采取，即使能够采取也需要由法定部门来决定。那么，在我国哪个部门有权决定采取“封城”的紧急防控措施呢？我国《传染病防治法》第四十三条规定：“甲类、乙类传染病暴发、流行时，县级以上地方人民政府报经上一级人民政府决定，可以宣布本行政区域部分或者全部为疫区；国务院可以决定并宣布跨省、自治区、直辖市的疫区。县级以上地方人民政府可以在疫区内采取本法第四十二条规定的紧急措施，并可以对出入疫区的人员、物资和交通工具实施卫生检疫。省、自治区、直辖市人民政府可以决定对本行政区域内的甲类传染病疫区实施封锁；但是，封锁大、中城市的疫区或者封锁跨省、自治区、直辖市的疫区，以及封锁疫区导致中断干线交通或者封锁国境的，由国务院决定。疫区封锁的解除，由原决定机关决定并宣布。”

由此可见，县级以上政府经报上一级政府决定，可以宣布本行政区域部分或全部为疫区，但只有省级人民政府和国务院才有权决定对传染病疫区实行封锁。就比如在上述案例中，某省某市的情况如果必须采取“封城”的措施进行传染病预防，这一决定应当由某省政府来决定，某市政府无权自己发布封锁疫区的紧急通告。

第三章

医疗救治与管理

一 医疗机构管理

1. 疫情发生后，医疗机构在诊治患者的过程中应注意什么？

案情回放

2020年年初突发新冠肺炎疫情期间，很多医院的患者数量骤减，一些三甲医院的患者甚至不足平时的20%甚至10%。这是因为，在疫情期间，由于担心被感染，或者害怕自己被诊断为新冠肺炎而被隔离起来，部分患者可能不就医或者延迟就医，结果反而延误病情，甚至错过最佳治疗时机。为此，很多医院开通了网络门诊和线上视频问诊的“互联网＋医疗”服务形式。但是，对于因为条件限制接受不到“互联网＋医疗”服务的患者老张来说，他还是选择了去医院就诊。那么，医疗机构在诊治患者老张的过程中，应注意什么呢？

案例评析

医疗机构在诊治患者的过程中，对于传染病病人或者疑似传染病病人应当注意实行传染病预检、分诊制度。《传染病防治法》第五十二条规定：“医疗机构应当对传染病病人或者疑似传染病病人提供医疗救护、现场救援和接诊治疗，书写病历记录以及其他有关资料，并妥善保管。医疗机构应当实行传染病预检、分诊制度；对传染病病人、疑似传染病病人，应当引导至相对隔离的分诊点进行初诊。医疗机构不具备相应救治能力的，应当将患者及其病历记录复印件一并转至具备相应救治能力的医疗机构。具体办法由国务院卫生行政部门规定。”

此外，《医疗机构传染病预检分诊管理办法》第五条规定：“对呼吸道等特殊传染病病人或者疑似病人，医疗机构应当依法采取隔离或者控制传播措施，并按照规定对病人的陪同人员和其他密切接触人员采取医学观察和其他必要的预防措施。”

由此可知，医疗机构对传染病病人或者疑似传染病病人，不仅应当提供医疗救护、现场救援和接诊治疗，妥善保管病人记录，还应当对其实行传染病预检、分诊制度，依法采取隔离措施，并对病人的陪同人员和其他密切接触人员采取医学观察等措施。

2. 医疗机构在不具备诊治能力时，应该怎么办？

案情回放

2019 年 8 月 31 日，张某因身体不适，到某县人民医院就医，因发热被查收入院。住院后，张某相继出现右侧肌无力加重，持续发热 39 度，意识模糊等症状，最终被确诊为乙型脑炎。病情确诊后，该县医院在自身医疗条件不足以治疗此类传染病的情况下，违规将张某安排到 ICU 病房治疗，最终导致张某死亡，引发了医疗纠纷。那么，医疗机构在不具备相应的诊治能力时，正确的做法应该是什么？

案例评析

案例中，该县医院在发现自身不具备乙型脑炎相应诊治能力时，应当立即依法依规将张某转到传染病专科医院进行治疗。《传染病防治法》第五十二条第二款规定：“医疗机构应当实行传染病预检、分诊制度；对传染病病人、疑似传染病病人，应当引导至相对隔离的分诊点进行初诊。医疗机构不具备相应救治能力的，应当将患者及其病历记录复印件一并转至具备相应救治能力的医疗机构。具体办法由国务院卫生行政部门规定。”《医疗机构传染病预检分诊管理办法》第六条也有明确规定，即“医疗机构不具备传染病救治能力时，应当及时将病人转诊到具备救治能力的医疗机构诊疗，并将病历资料复印件转至相应的医疗机构”。由此可见，医疗机构不具备传染病救治能力时，为了尽可能救治病人的生命，不仅应当及时将病人转诊到具备救治能力的医疗机构诊疗，还应当将病人的病历资料复印件一并转至相应的医疗机构，确保病人能够得到合理的救治。

3. 医疗机构对医疗质量实行何种责任制？

案情回放

为了进一步提高医院的医疗质量，持续改进医院诊疗工作，加强医院的质量管理，山东省某市人民医院成立了医院质量与安全管理委员会，由院领导、相关职能科室及临床、医技科室负责人组成，在院长领导下，履行对全院医疗质量与安全管理进行监督、检查、指导等职责；而各科室则成立了质量与安全管理小组，由科主任、副主任、护士长及高年资医师、护士组成，在医院质量与安全管理委员会指导下，履行对本科室质量与安全进行经常性检查等职责。请问，该市人民医院的管理体系安排，体现了医疗机构对自身医疗质量管理实行什么样的责任制？

案例评析

该市人民医院的管理体系安排，体现了医疗机构对医疗质量管理实行院、科两级责任制。《医疗质量管理办法》第九条规定：“医疗机构医疗质量管理实行院、科两级责任制。医疗机构主要负责人是本机构医疗质量管理的第一责任人；临床科室以及药学、护理、医技等部门（以下称业务科室）主要负责人是本科室医疗质量管理的第一责任人。”此外，该办法第十条、第十一条和第十二条还具体规定了医院应当如何落实医疗质量管理院、科两级责任制。《医疗质量管理办法》第十条规定医疗机构应当成立医疗质量管理专门部门，负责本机构的医疗质量管理工作，第十一条规定了医疗机构医疗质量管理委员会的主要职责，第十二条规定了二级以上医院各业务科室应当成立本科室医疗质量管理工作小组，组长由科室主要负责人担任，指定专人负责日常具体工作以及医疗质量管理工作小组的主要职责。由此可见，医疗机构对医疗质量管理实行的是院、科两级责任制。

4. 医疗机构应如何保障和改进医疗质量？

案情回放

A 医院属于县级人民医院，受该县经济发展水平制约，A 医院的医疗质量管理也比较落后，存在很多不足：管理模式陈旧，管理层次多，效率低下；医疗质量意识低，出现医疗质量问题后不能积极查找原因，存在侥幸心理，消极应对；管理工作不到位，医疗质量管理标准不规范，质控活动流于形式，缺乏防微杜渐的组织管理措施。医疗质量管理水平的低下也导致该医院常常出现医患纠纷，院领导和业务科室都疲于应付。后来，A 医院召开了会议，决定采取措施保障和改进医疗质量。那么，A 医院应如何保障和改进医疗质量？

案例评析

根据《医疗质量管理办法》第二十六条至第三十三条的规定，医疗机构持续改进医疗质量的措施主要包括以下几方面：一是医疗机构应当建立医疗质量管理与控制工作制度，及时、准确报送本机构医疗质量安全相关数据信息，完善医疗质量管理相关指标体系，形成医疗质量基础数据；二是应当加强临床专科服务能力建设；三是应当建立单病种管理的指标体系，制定单病种医疗质量参考标准，促进医疗质量精细化管理；四是制订满意度监测指标并不断完善，定期开展患者和员工满意度监测；五是开展全过程成本精确管理，加强成本核算、过程控制、细节管理和量化分析；六是建立医疗质量内部公示制度，定期对医疗卫生技术人员开展医疗卫生管理法律法规、医院管理制度、医疗质量管理与控制方法、专业技术规范等相关内容的培训和考核；七是强化基于电子病历的医院信息平台建设，提高医院信息化工作的规范化水平；八是对医疗质量管理要求执行情况进行评估，对收集的医疗质量信息进行及时分析和反馈，对医疗质量问题和医疗安全风险进行预警，对存在的问题及时采取有效干预措施，并评估干预效果，促进医疗质量的持续改进。由此可见，A 医院可以采取以上八个方面的措施，来保障和改进医疗质量。

5. 医院发生怎样的传染结果后，应该依法上报？

案情回放

2019 年 12 月 16 日，Z 医院急诊科接诊了一名在海鲜市场工作，高烧不退的病人。22 日，这名病人被转到院呼吸科，做了相应检测后发现其患有冠状病毒引发的肺炎。在随后的 12 月 26 日、28 日、29 日，该医院又收治了共 6 位有海鲜市场接触史，不明原因感染肺炎的患者。12 月 30 日下午，一位患者的肺泡灌洗液高通量测序结果传回了医院，检测结果上表明患者高度疑似非典型肺炎（SARS）。那么，对于这 7 例不明肺炎的传染病人情况，该医院是否应该上报？

案例评析

Z 医院应当上报这一感染情况，因为该医院发生的确诊 7 例不明肺炎情形属于法定的医疗机构必须上报的情形。《医院感染管理办法》第十八条规定："医疗机构经调查证实发生以下情形时，应当于 12 小时内向所在地的县级地方人民政府卫生行政部门报告，并同时向所在地疾病预防控制机构报告。所在地的县级地方人民政府卫生行政部门确认后，应当于 24 小时内逐级上报至省级人民政府卫生行政部门。省级人民政府卫生行政部门审核后，应当在 24 小时内上报至卫生部：（一）5 例以上医院感染暴发；（二）由于医院感染暴发直接导致患者死亡；（三）由于医院感染暴发导致 3 人以上人身损害后果。”因此，当医院调查证实发生了5例以上医院感染暴发，或医院感染暴发直接导致患者死亡，或医院感染暴发导致3人以上人身损害后果的情形时，就应当立即上报。

另外，《医院感染管理办法》第十九条规定：“医疗机构发生以下情形时，应当按照《国家突发公共卫生事件相关信息报告管理工作规范（试行）》的要求进行报告：（一）10例以上的医院感染暴发事件；（二）发生特殊病原体或者新发病原体的医院感染；（三）可能造成重大公共影响或者严重后果的医院感染。”当医院出现以上三种可能造成重大公共影响或严重后果的医院感染情形时，也应当进行报告，并且要按照《国家突发公共卫生事件相关信息报告管理工作规范（试行）》的要求进行：获得突发公共卫生事件相关信息的责任报告单位和责任报告人，应当在2小时内以电话或传真等方式向属地卫生行政部门指定的专业机构报告，具备网络直报条件的同时进行网络直报，直报的信息由指定的专业机构审核后进入国家数据库。不具备网络直报条件的责任报告单位和责任报告人，应采用最快的通讯方式将《突发公共卫生事件相关信息报告卡》报送属地卫生行政部门指定的专业机构，接到《突发公共卫生事件相关信息报告卡》的专业机构，应对信息进行审核，确定真实性，2小时内进行网络直报，同时以电话或传真等方式报告同级卫生行政部门。

二 医疗卫生人员工作管理

6. 从事传染病防治的医疗卫生人员在待遇上有何特殊之处？

案情回放

新冠肺炎疫情发生以来，各地医疗力量从四面八方不断向湖北集结。据不完全统计，自2019年12月12日首例新型冠状病毒肺炎患者在湖北省武汉市被发现以来，全国各地区一共向湖北各地区派遣了一百多批，3万余名医务人员支援湖北。国家卫生健康委建立了16个省支援武汉以外地市的对口支援关系，基本形成“一省包一市”的局面，全力支持湖北省加强病人的救治工作。医疗支援队由医护、管理、预防三类人员组成，其中医护人员主要来自各医院呼吸、感染、重症等专业科室。请问，对于像支援队的医护人员一样从事传染病防治的医疗卫生人员，在待遇上有什么特殊之处吗?

案例评析

我国《基本医疗卫生与健康促进法》第五十五条第二款规定：“对从事传染病防治、放射医学和精神卫生工作以及其他在特殊岗位工作的医疗卫生人员，应当按照国家规定给予适当的津贴。津贴标准应当定期调整。”《传染病防治法》第六十四条规定：“对从事传染病预防、医疗、科研、教学、现场处理疫情的人员，以及在生产、工作中接触传染病病原体的其他人员，有关单位应当按照国家规定，采取有效的卫生防护措施和医疗保健措施，并给予适当的津贴。”《国务院办公厅关于加强传染病防治人员安全防护的意见》第六条规定：“根据《中华人民共和国传染病防治法》和《突发公共卫生事件应急条例》等法律法规规定，对从事传染病预防、医疗、科研、教学及现场处理疫情的人员，以及在生产、工作中接触传染病病原体的其他人员给予适当津贴，并建立动态调整机制。对直接参与国内传染病类突发公共卫生事件现场调查处置、患者救治、口岸检疫、动物防疫等各类一线工作的人员，以及政府选派直接参与国外重大传染病疫情防治工作的医疗和公共卫生等防控人员，根据工作风险、强度和时间给予临时性工作补助。国务院有关部门要制定调整相关津贴和临时性工作补助的具体办法。”

由此可知，对于普通的从事传染病防治工作的医疗卫生人员，不仅应当对其采取有效的卫生防护措施和医疗保健措施，还应当按照国家规定给予适当的津贴。而对于像支援湖北省疫情防治的医护人员，属于直接参与国内传染病类突发公共卫生事件一线工作的人员，还应当给予临时性工作补助。

7. 疫情期间，有人对一线医务人员躲避不及，指指点点，违法了吗？

案情回放

阻击肺炎疫情是一场战争，医护人员就是这场战争中的“战士”，他们在和看不见的敌人搏斗，从死神的手里抢人。对于这群“战士”，我们从不吝啬赞美之词。但是，也有一些人自私狭隘，担心一线医护人员可能会被感染和传染，对一线医务人员躲避不及，在背后指指点点。小邹是河南省某市某医院的护士，疫情期间，她每天早出晚归奋战一线，但是她发现自己社区的邻居和住户慢慢都开始躲避她，甚至还有人在背后说她可能已经感染了疫情，会传染整个小区，这让小邹十分伤心。请问，小邹邻居等人的做法是否违反了法律规定呢？

案例评析

小邹邻居的行为违反了法律的规定，应当受到批评教育，停止侵害小邹的名誉权，禁止谣传小邹可能感染疫情，并向小邹道歉。我国《基本医疗卫生与健康促进法》第五十七条规定：“全社会应当关心、尊重医疗卫生人员，维护良好安全的医疗卫生服务秩序，共同构建和谐医患关系。医疗卫生人员的人身安全、人格尊严不受侵犯，其合法权益受法律保护。禁止任何组织或者个人威胁、危害医疗卫生人员人身安全，侵犯医疗卫生人员人格尊严。国家采取措施，保障医疗卫生人员执业环境。”第一百零五条规定：“违反本法规定，扰乱医疗卫生机构执业场所秩序，威胁、危害医疗卫生人员人身安全，侵犯医疗卫生人员人格尊严……构成违反治安管理行为的，依法给予治安管理处罚。”第一百零六条规定：“违反本法规定，构成犯罪的，依法追究刑事责任；造成人身、财产损害的，依法承担民事责任。”

医疗卫生人员的人格尊严和人身安全受法律的保护，任何组织或者个人都不得侵犯医疗卫生人员的人格尊严，威胁、危害医疗卫生人员的人身安全。违反法律规定的，应当承担相应的民事、行政或刑事责任。尤其在疫情期间，一线医护人员为了打赢这场没有硝烟的战争，付出了巨大的牺牲，我们更要关心、尊重医疗卫生人员，而不是去疏远和诋毁他们。

8. 疫情发生后，医疗卫生人员不服从政府调遣的，需要承担责任吗？

案情回放

2020 年年初发生的新冠肺炎疫情牵动着全国人民的心。疫情发生后，由于武汉市感染人数迅速攀升，导致武汉市各医院的医疗物资短缺，人手不足。全国各地的医护工作者时刻关心着武汉疫情，很多医护工作者主动请战，希望能去防疫一线奋战，各省市政府也组织派遣了很多支援队援助武汉，这些医护人员都是真正的英雄。然而，也有极少部分医护人员担心被感染而不服从政府调遣。那么，疫情发生后，医疗卫生人员不服从政府调遣的，需要承担责任吗？

案例评析

根据我国《基本医疗卫生与健康促进法》第五十条规定，发生自然灾害、事故灾难、公共卫生事件和社会安全事件等严重威胁人民群众生命健康的突发事件时，医疗卫生机构、医疗卫生人员应当服从政府部门的调遣，参与卫生应急处置和医疗救治。对致病、致残、死亡的参与人员，按照规定给予工伤或者抚恤、烈士褒扬等相关待遇。因此，发生疫情后，医护人员负有服从政府部门的调遣，参与卫生应急处置和医疗救治的义务。不服从调遣的，需要承担一定的法律责任。

对此，《执业医师法》第三十七条第十一项规定："医师在执业活动中，违反本法规定，有下列行为之一的，由县级以上人民政府卫生行政部门给予警告或者责令暂停六个月以上一年以下执业活动；情节严重的，吊销其执业证书；构成犯罪的，依法追究刑事责任：（十一）发生自然灾害、传染病流行、突发重大伤亡事故以及其他严重威胁人民生命健康的紧急情况时，不服从卫生行政部门调遣的。"《护士条例》第三十一条第一款规定："护士在执业活动中有下列情形之一的，由县级以上地方人民政府卫生主管部门依据职责分工责令改正，给予警告；情节严重的，暂停其6个月以上1年以下执业活动，直至由原发证部门吊销其护士执业证书：……（四）发生自然灾害、公共卫生事件等严重威胁公众生命健康的突发事件，不服从安排参加医疗救护的。"由此可见，疫情发生后，医疗卫生人员不服从政府调遣的，轻则受到警告、暂停执业活动的处罚，重则会被吊销其执业证书。

9. 在公共卫生事件中被感染的医护人员，可以认定为工伤吗？

案情回放

2009年全球暴发了甲型H1N1流感。刘某作为某市医院的儿科护士，被安排到儿科隔离病房工作。该病房为发烧隔离病房，处理怀疑或确诊“甲流”个案的病人。刘某在工作期间，一直按照医院相关要求进行个人防护，包括穿戴手套、保护袍及外科口罩。在为病人进行高风险的医疗程序时，亦有穿着所需的个人防护装备，但不幸还是被感染了“甲流”病毒。请问，在甲型H1N1流感防护中被感染的刘某，可以认定为工伤吗？

案例评析

刘某可以被认定为工伤。我国《基本医疗卫生与健康促进法》第五十条规定：“发生自然灾害、事故灾难、公共卫生事件和社会安全事件等严重威胁人民群众生命健康的突发事件时，医疗卫生机构、医疗卫生人员应当服从政府部门的调遣，参与卫生应急处置和医疗救治。对致病、致残、死亡的参与人员，按照规定给予工伤或者抚恤、烈士褒扬等相关待遇。”由此可知，公共卫生事件中被感染的医护人员，可以认定为工伤。甲型H1N1流感的暴发属于公共卫生事件，刘某是在医疗救治过程中被感染甲型H1N1流感病毒致病的，应当给予工伤待遇。

10. 感染科室的医务人员应具备哪些特别条件？

案情回放

2003年，一场突如其来的“非典型肺炎”肆虐祖国大地，怀化市某医院感染科被政府指定为“非典”收治定点医院。感染科医生符某每天都穿着密不透气、笨重的隔离衣进入隔离病房查看病人，观察病情变化，尽最大力量治疗每一位患者。她说：“正是由于感染科医务人员掌握感染预防相关的专业知识，能及时迅速地应对突发公共卫生事件，才使得各医院感染科在重大传染病流行及突发公共卫生事件的防控救治中，发挥了关键和不可替代的重要作用。”请问，感染科室的医务人员应具备怎样的特别条件呢？

案例评析

我国《医院感染管理办法》第二十六条规定：“医院感染专业人员应当具备医院感染预防与控制工作的专业知识，并能够承担医院感染管理和业务技术工作。”第二十七条规定：“医务人员应当掌握与本职工作相关的医院感染预防与控制方面的知识，落实医院感染管理规章制度、工作规范和要求。工勤人员应当掌握有关预防和控制医院感染的基础卫生学和消毒隔离知识，并在工作中正确运用。”

由此可见，医院感染科室的医务人员不仅应当具备医院感染预防与控制工作的专业知识，并能够承担医院感染管理和业务技术工作，还应当掌握与本职工作相关的医院感染预防与控制方面的知识，落实医院感染管理规章制度、工作规范和要求。只有这样，才能保证各医院的感染科在应对“非典”等突发公共卫生事件时临危不乱，最大限度发挥医疗救治作用。

11. 新冠肺炎疫情期间，没有执业医师资格而治病救人且成功的，应该网开一面吗？

案情回放

赵某在某诊所工作，但未取得医师执业证书。在新冠肺炎疫情期间，赵某宣扬自己能进行新冠肺炎的有效防治。2020 年 1 月 30 日，赵某接到吴某求医电话后，到吴某小区住处，为吴某进行医治，后来吴某真的被救治成功。请问，新冠肺炎疫情期间，对于没有执业医师资格而治病救人且成功的，应该网开一面吗？

案例评析

根据《执业医师法》第三十九条规定，未经批准擅自开办医疗机构行医或者非医师行医的，由县级以上人民政府卫生行政部门予以取缔，没收其违法所得及其药品、器械，并处十万元以下的罚款；对医师吊销其执业证书；给患者造成损害的，依法承担赔偿责任；构成犯罪的，依法追究刑事责任。由此可见，没有取得医师执业证书行医的，属于非医师行医。没有对患者造成损害的，应当受到人民政府卫生行政部门的行政处罚，没收其违法所得及其药品、器械，并处以罚款；给患者造成损害的，依法应当承担赔偿责任；构成犯罪的，依法还应当追究其刑事责任。因此，新冠肺炎疫情期间，对于没有执业医师资格而治病救人且成功的，也应当进行行政处罚，没收其违法所得及其药品、器械，并处以罚款。

三 药品研发与生产

12. 突发公共卫生事件时，在药品研制与生产中应遵守哪些规范？

案情回放

2019年岁末年初，新型冠状病毒开始在祖国大地上肆虐，引发了严重的肺炎疫情。疫情防控迫在眉睫，全国众多的医药研究开发机构和人员如同接到军令，日夜兼程地研发新型药物。某某生物医药公司是一家致力于传染病药物研发的生物医药公司，也对能够有效抑制新型冠状病毒的药物进行了研发，但是在药品研发过程中，该公司未能按照《药品管理法》的规定如实报送有关数据，就擅自开展了药物临床试验，最终遭到了有关部门的查处。药品研发本是好事，该公司却因为违反国家规定遭到了处罚。那么，类似新冠肺炎这种公共卫生事件发生时，在药品研发和生产中应当遵守哪些规定呢？

案例评析

在突发传染病时，药物的研发和生产是利国利民的大计，但是药物研发关乎国计民生，与人民群众的生命安全和身体健康息息相关，需要严格遵守国家法律法规。2019年修订的《药品管理法》第十七条第一款规定："从事药品研制活动，应当遵守药物非临床研究质量管理规范、药物临床试验质量管理规范，保证药品研制全过程持续符合法定要求。"同时，该法第十九条第一款规定："开展药物临床试验，应当按照国务院药品监督管理部门的规定如实报送研制方法、质量指标、药理及毒理试验结果等有关数据、资料和样品，经国务院药品监督管理部门批准。国务院药品监督管理部门应当自受理临床试验申请之日起六十个工作日内决定是否同意并通知临床试验申办者，逾期未通知的，视为同意。其中，开展生物等效性试验的，报国务院药品监督管理部门备案。”

由此可见，某某生物医药公司在研制新型药物时，应当严格按照法律规定，如实报送有关数据、资料和样品，并且只有在经过药品监督管理部门批准之后才能进行药物临床试验，否则就是违法的行为。

除此之外，在突发公共卫生事件时，药品研发和生产部门还需要遵守一些其他相关法律规定。如《药品管理法》第四十一条第一款规定：“从事药品生产活动，应当经所在地省、自治区、直辖市人民政府药品监督管理部门批准，取得药品生产许可证。无药品生产许可证的，不得生产药品。”第四十四条第一款规定：“药品应当按照国家药品标准和经药品监督管理部门核准的生产工艺进行生产。生产、检验记录应当完整准确，不得编造。”2019 年修订的《药品管理法实施条例》第三条规定：“开办药品生产企业，申办人应当向拟办企业所在地省、自治区、直辖市人民政府药品监督管理部门提出申请……”总之，药物研发和生产部门应当严格按照法律规定行事，否则就会受到相应的处罚。

13. 对于急需的药品，应实行何种审批制度？

案情回放

阿尔茨海默病是一种非常复杂的病症，治愈难度高，发病时间久，中国众多家庭正在遭受阿尔茨海默病的折磨。为了治愈该病，中国海洋大学医学团队自 2005 年开始申报临床研究，并研制出了甘露特钠胶囊 GV–971，这种药物以海洋和藻提取物为原料，能够提高患者意识，有效改善患者的病情。2018 年，该团队开始申报生产。2019 年，GV–971 就获得了国家药监局的批准而上市。业界称此为“有条件批准上市”，那么“有条件批准上市”是指什么呢？对于急需的药品，我国又实行何种审批制度呢？

案例评析

2020年7月已生效实施《药品上市许可优先审评审批工作程序（试行）》中明确规定：“药品上市注册申请时，以下情形可申请进入优先审评审批程序：……3. 临床急需的短缺药品……6. 疾病预防、控制急需的疫苗……”《临床急需药品附条件批准上市技术指导原则》（征求意见稿）明确规定，“附条件批准上市是指用于治疗严重危及生命且尚无有效治疗手段的疾病以及罕见病的药品、公共卫生方面急需的药品，现有临床研究资料尚未满足常规上市注册的全部要求，但药物临床试验已有数据显示疗效并能预测其临床价值，因临床急需，在规定申请人必须履行特定条件的情况下基于替代终点、中间临床终点或早期临床试验数据而批准上市。其目的是缩短药物临床试验的研发时间，提早应用于无法继续等待的急需病人”。

由此可见，对于急需的药品，在审批方面国家支持和施行了优先审批和附条件批准上市的方案，这些措施将会驱动临床需求，进一步激发国内制药企业更好更快地研发出新药。因此，在中国海洋大学医疗团队于2018年申报生产药物之后，仅仅一年时间，GV-971就获批上市了，这是国家对于急需药品附条件批准上市的一种表现。

14. 在什么情况下，可以紧急调用药品？

案情回放

2020年2月24日，为了更好地抗击国内新型冠状病毒引发的肺炎疫情，国务院应对新型冠状病毒肺炎疫情联防联控机制医疗物资保障组向陕西省某某公司发出紧急任务调运单，向该公司调用盐酸阿比多尔胶囊五万盒（每盒10粒），要求在2020年3月5日之前分批次运往湖北省武汉市，货款由接收方支付。该企业接到调令之后，积极开展行动，第一时间从仓库筹备药品物资，及时填补了湖北省武汉市对于盐酸阿比多尔胶囊的需求缺口。那么，国务院有关部门为什么可以对企业发布紧急调用药品的调令呢？企业又能否拒绝呢？

案例评析

2019年修订的《药品管理法》第九十二条第二款规定："发生重大灾情、疫情或者其他突发事件时，依照《中华人民共和国突发事件应对法》的规定，可以紧急调用药品。"这一条款规定的是我国的一项药品储备制度，主要目的是保证在重大灾情、疫情或者其他突发事件发生时能够有充足的药品供应，以最大程度地保障广大人民群众的身体健康和生命安全。当企业在这种特殊时期接到国务院有关部门的紧急调用药品任务后，企业是不能拒绝的。

由此可见，在重大灾情、疫情或者其他突发事件面前，企业有义务配合国家抗击灾情、疫情，这是企业和企业家应当承担的社会责任，不容置疑。在上述案例中，某某公司不能拒绝国务院联防联控机制医疗物资保障组的紧急任务调运单，但是这种药品的紧急调用并不是无偿的，接受调用的企业仍然保留要求支付货款的权利。

15. 疫情期间，药厂提高药品的出厂价格，应给予怎样的处罚？

案情回放

新型冠状病毒肺炎疫情发生后，受疫情影响，我国多地药品供应出现缺货现象。某市医疗保障局高度重视疫情防控工作，为了防止药品价格异常波动，及时启动了药品价格监测机制，在全市各大医院、药厂和药店建立了近30个药品价格监测点，密切关注和监测各项药品的价格波动情况。在市医疗保障局的监测下，大多数医院、药厂和药店货源供应充足，药品价格平稳，还有少数药店积极承担社会责任，主动下调了药品价格。但是A药厂，在听说连花清瘟胶囊、双黄连口服液等药品对于抗击新型冠状病毒有明显疗效之后，恶意提高出厂价格，将原本18元一盒的连花清瘟胶囊提高至23元。市医疗保障局在得知情况之后及时对该药厂进行了处罚。那么，这种在疫情期间药厂提高药品出厂价格的行为，会受到怎样的处罚呢？我国法律法规对此又有哪些规定呢？

案例评析

新冠肺炎疫情发生之后，口罩、消毒液以及一些网传对新冠肺炎有“特殊疗效”的双黄连口服液等药品成了紧俏资源，一些不法分子利欲熏心，为了赚取利润，恶意哄抬物价，大发国难财。这严重损害了人民群众的切身利益，也不利于社会稳定和国家长治久安，必须予以严肃处理。对此，我国《价格法》第七条明确规定：“经营者定价，应当遵循公平、合法和诚实信用的原则。”该法第十四条规定：“经营者不得有下列不正当价格行为：……（三）捏造、散布涨价信息，哄抬价格，推动商品价格过高上涨的……。”该法第四十条同时规定：“经营者有本法第十四条所列行为之一的，责令改正，没收违法所得，可以并处违法所得五倍以下的罚款；没有违法所得的，予以警告，可以并处罚款；情节严重的，责令停业整顿，或者由工商行政管理机关吊销营业执照……”

同时，我国《突发事件应对法》第四十九条规定：“自然灾害、事故灾难或者公共卫生事件发生后，履行统一领导职责的人民政府可以采取下列一项或者多项应急处置措施：……（八）依法从严惩处囤积居奇、哄抬物价、制假售假等扰乱市场秩序的行为，稳定市场价格，维护市场秩序……。”此外，根据我国《刑法》的规定，对于恶意哄抬疫情防控期间所需的药品价格，扰乱市场秩序，情节严重的，按照《刑法》第二百二十五条第四项规定构成非法经营罪，处五年以下有期徒刑或者拘役，并处或者单处违法所得一倍以上五倍以下罚金；情节特别严重的，处五年以上有期徒刑，并处违法所得一倍以上五倍以下罚金或者没收财产。

由此可见，在上述案例中，该药厂在疫情防控期间哄抬药品价格，是违法行为，可能会被处以没收违法所得、罚款、责令停业整顿，甚至吊销执照等行政处罚。情节严重的还会构成非法经营罪，受到相应的刑事处罚。

第四章

保障措施与评估重建

一 技术与物资保障

1. 在疫情发生时，如何保障通信系统的正常运行？

案情回放

某地医院近期接连收治多名结核病患者，医院进行了集中治疗管理，之后，医院发现该病具有极强的传染性，并且易造成死亡，周边市县已经发现类似病例。相关部门成立联合小组进行调查，发现这些患者均来自市辖区内某一村镇，受当地地形地势的影响，近年来大量化工厂房迁移至此地，造成当地环境受到破坏，水体、大气受到严重污染，成为村民患病的主要原因。疫情发生后，当地村镇被隔离，市县相关部门拟采取多种措施保障村民的生活，试问，如何保障通信系统正常运行？

案例评析

疫情发生后，相关部门应当积极采取各项措施，保障民众在疫情期间的水电、食品、医疗、通信等正常使用。通信系统的正常运转对于保障居民的通信需求、相关部门的监测监督具有重要的意义。对此，我国《突发事件应对法》第三十三条规定："国家建立健全应急通信保障体系，完善公用通信网，建立有线与无线相结合、基础电信网络与机动通信系统相配套的应急通信系统，确保突发事件应对工作的通信畅通。"另外，《电信条例》第六十三条规定："在发生重大自然灾害等紧急情况下，经国务院批准，国务院信息产业主管部门可以调用各种电信设施，确保重要通信畅通。"《刑法》第一百二十四条规定："破坏广播电视设施、公用电信设施，危害公共安全的，处三年以上七年以下有期徒刑；造成严重后果的，处七年以上有期徒刑……"

可见，政府相关部门在保证通信正常方面肩负重要使命，应当在发生疫情时，及时启用应急通信保障预案，完善通信网络，确保疫情期间的通信畅通。对于疫情区应当加大检修整修力度，必要时经国务院批准，调用各种电信设施，确保疫情区居民及相关部门的使用。对于在疫情期间，恶意损毁通信设施，干扰正常通信安全的，以破坏公用电信设施罪论处。

2. 如何做好技术资源储备？

案情回放

近年来，全球突发公共卫生事件频繁发生，如埃博拉病毒、疯牛病、新型的结核病、鼠疫等，相关事件的严重性、复杂性、应对的难度相比以前都大大增加。另外，国内发生的突发公共卫生事件也让国家深受其害，遭受重大损失，为吸取教训，防患于未然，做好相关技术资源的储备刻不容缓。那么，如何才能做好相关技术资源的储备呢？

案例评析

面对突发公共卫生事件做好相关技术储备，考验有关部门的主动性。政府部门能否将相关预防知识及时传递给大众，提高防范意识和应对能力，对于疫情初期及时控制和消灭病毒传播具有重要意义。我国《突发事件应对法》第三十六条规定："国家鼓励、扶持具备相应条件的教学科研机构培养应急管理专门人才，鼓励、扶持教学科研机构和有关企业研究开发用于突发事件预防、监测、预警、应急处置与救援的新技术、新设备和新工具。"《突发公共卫生事件应急条例》第十三条第二款规定："县级以上各级人民政府卫生行政主管部门和其他有关部门，应当对公众开展突发事件应急知识的专门教育，增强全社会对突发事件的防范意识和应对能力。"第十八条规定："县级以上地方人民政府卫生行政主管部门，应当定期对医疗卫生机构和人员开展突发事件应急处理相关知识、技能的培训，定期组织医疗卫生机构进行突发事件应急演练，推广最新知识和先进技术。”

可见，做好相关技术储备应当从加强技术研发、增强医疗人员职业能力、提升民众防疫意识等角度出发。其中，技术、新科技是关键。国家应当增加相关财政支持，加强人才储备和技术的研发，只有技术过硬，相关科研人才力量雄厚，才能积极预防和应对日益复杂的疫情；加强医疗人员应急意识，提升应对能力是保障。在面对疫情时，熟练的医疗人员，才能驾驭新设备，有条不紊地应对疫情；民众宣传是基础。号召民众在日常生活中参与卫生检疫和卫生应急演练，熟悉和认识基本医疗技术，学习应对疫情的方法，提升社会大众的基本防卫疫情的观念，便于疫情来临之际更好地将治疗方法、治疗理念传达给民众。

3. 公益组织工作人员将防疫物资挪作他用的，需要承担什么责任？

案情回放

2020年年初，A市发生严重疫情，医疗、防护物资紧缺，不少民众和企事业单位伸出援助之手。一家医疗公司将20箱医用外科口罩定向捐赠给甲医院的一线工作人员。高某是A市慈善总会的工作人员，因家人未购买到防护口罩，便私自将其中一箱口罩带回家让妻子分发给亲戚朋友。那么，高某需要承担什么责任？

案例评析

我国《慈善法》第五十二条规定：“慈善组织的财产应当根据章程和捐赠协议的规定全部用于慈善目的，不得在发起人、捐赠人以及慈善组织成员中分配。任何组织和个人不得私分、挪用、截留或者侵占慈善财产。”根据该规定可知，疫情中，慈善组织筹得的捐款、物资应当依法分发，专款专用、专物专用。高某身为慈善总会的工作人员，明知故犯，挪用物资的行为是违法的。《慈善法》第一百零八条规定："县级以上人民政府民政部门和其他有关部门及其工作人员有下列情形之一的，由上级机关或者监察机关责令改正；依法应当给予处分的，由任免机关或者监察机关对直接负责的主管人员和其他直接责任人员给予处分：……（五）私分、挪用、截留或者侵占慈善财产的……"《刑法》第二百七十三条规定："挪用用于救灾、抢险、防汛、优抚、扶贫、移民、救济款物，情节严重，致使国家和人民群众利益遭受重大损害的，对直接责任人员，处三年以下有期徒刑或者拘役；情节特别严重的，处三年以上七年以下有期徒刑。"由此可见，高某需要承担行政处分，情节严重的话，高某的行为涉嫌构成挪用特定款物罪，将被追究刑事责任。

4. 突发事件发生后，县级以上地方人民政府交通行政主管部门在保障紧急物资运输方面有怎样的义务？

案情回放

甲省为国内著名的禽类加工及销售省份，每年向国内其他省份输出大量的肉禽产品。一次，当地例行卫生检疫检查时，在甲省A市的某大型加工厂内，卫生防疫人员发现了大量不明原因死亡的鸡、鸭、猪等，取样送检后发现携带禽流感病毒，但有部分产品已经由该加工厂向外输出。之后，A市暴发严重的禽流感疫情，并且不排除人传人的可能，给当地居民造成了极大的压力。受其影响，甲省政府要求封闭A市的交通，全市进入戒严状态，全力备战，抗击疫情。为响应号召，A市B县的交通行政主管部门宣布：除运输紧急物资外，禁止一切人员、车辆的流动。那么，该县交通行政主管部门的做法是否正确呢？

案例评析

该县交通行政主管部门的做法可取。在应对重大突发公共卫生事件时，政府部门可以根据疫情的严重性及其变化趋势，限制或部分限制道路的流通状况，但是无论如何必须保障紧急物资的运输。根据我国《突发公共卫生事件交通应急规定》第三十三条规定，突发事件发生后，县级以上地方人民政府交通行政主管部门应当采取措施保证突发事件应急处理所需运输的人员群体、防疫人员、医护人员以及突发事件应急处理所需的救治消毒药品、医疗救护设备器械等紧急物资及时运输。

可见，在突发事件发生后，县级以上地方人民政府交通行政主管部门主要负责保障紧急物资运输通勤工作，应当保障抗疫物资及时、迅捷地到达受害地区。此外，该规定第四十二条第一款规定："县级以上地方人民政府交通行政主管部门违反本规定，有下列行为之一的，对其主要负责人依法给予行政处分：……（二）未依照本规定，组织完成突发事件应急处理所需要的紧急物资的运输的……"这也明确了未能保障紧急物资运输时，其需要承担的行政责任。同时，也表明保障紧急物资的运输是县级以上政府交通行政部门的义务，更是职责所在。

在上面的例子中，为应对本行政区域内的严重禽流感疫情，B县政府实施"封路"措施，可以有效减少人员流动，降低人员之间传染的可能性，是特殊时期的特殊应对手段。而且，其并未限制紧急物资的运输工作，并不会影响疫情的防治工作，做法可取。

5. 为应对疫情，被调用的车辆运输物资时，是否需要《紧急运输通行证》？

案情回放

甲省省内有多支河流经过，河运、水力是该省的重要经济支柱。但是，近期省内河流沿岸市县突然出现有居民呕吐、发烧现象，并且呈现扩大趋势，死亡人数逐渐上升，造成当地人心惶惶，相关部门在检查后认为可能是新型传染病。经过调查发现，近年来，不少人利欲熏心，在河流上游大肆兴建化工厂、屠宰场，而废水、废料直接排入河流中，造成河流污染进而引发了此次疫情。甲省突发事件应急处理指挥部研究决定，征调该市路政等单位大型车辆运输紧急物资。试问，这些车辆能否不使用通行证直接参与运输工作？

案例评析

被调用的车辆必须使用紧急运输通行证，未张贴该通行证不得直接参与运输工作。我国《突发公共卫生事件交通应急规定》第三十五条规定："根据县级以上人民政府突发事件应急处理指挥部的命令，县级以上人民政府交通行政主管部门应当协助紧急调用有关人员、车船以及相关设施、设备。被调用的单位和个人必须确保完成有关人员和紧急物资运输任务，不得延误和拒绝。"因此，为了应对突发事件，政府部门可以征调相关人员、车辆等，而且参与调用的人员或者车辆必须及时完成相关运输任务，确保其迅速性，不得延误和拒绝。

但是，这并不意味着该类车辆通行时不受限制。我国《突发公共卫生事件交通应急规定》第三十六条第一款规定："承担突发事件应急处理所需紧急运输的车船，应当使用《紧急运输通行证》。其中，跨省运送紧急物资的，应当使用交通部统一印制的《紧急运输通行证》；省内运送紧急物资的，可以使用省级交通行政主管部门统一印制的《紧急运输通行证》。使用《紧急运输通行证》的车船，按国家有关规定免交车辆通行费、船舶过闸费，并优先通行。"

可见，参与运输物资的车辆必须使用《紧急运输通行证》，而且根据运输区域的不同，有不同的限制，涉及跨省运输的，需要使用交通部统一印制的通行证；涉及省内运输的，需要省级交通行政主管部门统一印制的通行证。这是为了将调用车辆与其他社会车辆作出区分，也是为了将调用车辆纳入规范化体系管理，便于物资运输工作。上面的例子中，参与省内救济物资运输的车辆，应当张贴省交通部门统一印制的《紧急运输通行证》，然后再投入物资运输工作中。

6. 承担重大传染病疫情应急处理紧急运输任务的单位或个人应该遵守哪些规定？

案情回放

南方某省受夏季暴雨的影响，省内多处发生洪水、泥石流的情况，位于山区的A县出现了山体滑坡，道路被冲毁，交通受阻，加上受害区域较广，主城区及村庄长时间处于封闭环境，相关部门尚来不及做好完善的卫生消毒和检疫工作，结果，A县暴发了大规模的传染病，累计确诊超过千人。疫情发生之后，该省制订了详细的应急方案，并组织、招募了专门的物资运输小组紧急调配物资。试问，参与疫情物资运输工作的人员，需要做好什么工作？有什么需要注意的事项？

案例评析

参与疫情物资运输的人员受工作内容的影响，不得不往返于疫情区和正常区，工作的特殊性决定了该类运输人员需要在往返时做好充分的预防工作，对此，我国《突发公共卫生事件交通应急规定》第三十七条规定："承担重大传染病疫情应急处理紧急运输任务的道路运输经营者、水路运输经营者应当遵守下列规定：（一）车船在装卸货物前后根据需要进行清洗、消毒或者进行其他卫生处理；（二）有关运输人员事前应当接受健康检查和有关防护知识培训，配备相应的安全防护用具；（三）保证驾驶员休息充足，不得疲劳驾驶；（四）进入疫区前，应当采取严格的防护措施；驶离疫区后，应当立即对车船和随行人员进行消毒或者采取其他必要卫生处理措施；（五）紧急运输任务完成后，交回《紧急运输通行证》，对运输人员应当进行健康检查，并安排休息观察。"

结合法律规定及上面的案例，承担重大传染病疫情应急处理紧急运输任务的单位或个人，需要在运输前、运输中、运输后三个阶段做好相关的预防工作：第一，运输前，主要是参与集中学习防护知识，做好自身的检疫检查，另外，还要对车辆进行消毒卫生；第二，运输中，首先是保证遵守驾驶规范，避免疲劳驾驶，其次是始发地—目的地的单线往返，最后是进入疫区要严格防护，尽量做到不下车，无接触式装卸物资，驶离疫区时也要进行消毒；第三，运输后，到指定地点接受检疫检查工作，及时对车辆进行消毒，并且将《紧急运输通行证》上交。

7. 没有运输经营资格的个人，好心给疫区运送物资，也会被处罚吗？

案情回放

某省突然暴发大规模传染病，该省立即启动二级应急响应。受疫情的影响，该省关闭了出入本省的所有通道。随即国内其他省份纷纷捐献物资，支援该省。刘某是邻省的居民，为了尽自己的一份力量，号召本村开三轮车的几个朋友组成车队，一同向距离较近的疫区免费运输物资。但是好友杜某说，没有运输资质私自运输的，即使是给疫区运送物资，也是需要承担相应的法律责任的。试问，杜某的说法是否正确？

案例评析

杜某的说法不正确。我国《突发公共卫生事件交通应急规定》第四十六条规定："突发事件发生后，未取得相应的运输经营资格，擅自从事道路运输、水路运输；或者有其他违反有关道路运输、水路运输管理规定行为的，依照有关道路运输、水路运输管理法规、规章的规定从重给予行政处罚。"《道路运输条例》第六十三条规定："……未取得道路运输经营许可，擅自从事道路运输经营的，由县级以上道路运输管理机构责令停止经营；有违法所得的，没收违法所得，处违法所得 2 倍以上 10 倍以下的罚款；没有违法所得或者违法所得不足 2 万元的，处 3 万元以上 10 万元以下的罚款；构成犯罪的，依法追究刑事责任。"

可见，上述两个法条针对的均是未取得营运资质私自从事营运的行为，从构成主体上讲，必须满足两个条件，一是本身没有营运资格，二是从事营运活动，即牟利。该种行为是违法行为，应当受到处罚，特别是在疫情期间，从事营运活动的更是应当加重处罚。但是，在上面的例子中，虽然刘某没有取得营运资格，但是，其是志愿服务，自愿、免费从事运输，未从中牟利，甚至为疫区人民的生活提供了便利。因此，刘某的行为并不是上述法条所要惩处的行为，其不会受到处罚。但是鉴于疫情的特殊，国家并不建议类似人员擅自向疫区运送物资。即使自己向社会贡献力量时，也一定要做好防护，并及时向当地派出所等汇报自己的行程。

8. 疫情发生期间，物资紧缺的情况下，国家可以采取哪些措施？

案情回放

面对新型冠状病毒疫情的影响，国内各省积极应对，加强防控。同时，对于疫情严重的湖北省，各省积极捐献医疗物资、派遣医疗团队，全国上下众志成城、团结一心，共渡难关。但是，在疫情形势严峻时期，各地不同程度出现了买口罩难、买防护物资难的情况。那么，当医疗、救助等紧急物资匮乏，无法满足正常的抗击疫情需要时，国家可以采取哪些措施，助力抗击疫情？

案例评析

在特殊时期，国家可以采取特殊手段，集中力量解决防疫困难。具体如下：

第一，征收征用物资，统一调配。《传染病防治法》第四十五条第一款规定："传染病暴发、流行时，根据传染病疫情控制的需要，国务院有权在全国范围或者跨省、自治区、直辖市范围内，县级以上地方人民政府有权在本行政区域内紧急调集人员或者调用储备物资，临时征用房屋、交通工具以及相关设施、设备。"《突发事件应对法》第十二条规定:"有关人民政府及其部门为应对突发事件,可以征用单位和个人的财产……"可见,在物资匮乏时期,政府可以集中征用、征调物资,统一安排。但是,需要注意的是,征用物资要专物专用,做好物资调配工作,避免物资进入其他场所。同时,对于政府征用的物资,要做好登记和补偿工作。

第二,封路、戒严,启动应急预案。《突发事件应对法》第五十七条规定:"突发事件发生地的公民应当服从人民政府、居民委员会、村民委员会或者所属单位的指挥和安排,配合人民政府采取的应急处置措施,积极参加应急救援工作,协助维护社会秩序。"在物资紧缺的情况下,限制居民的流动,限制安全区民众的物资使用,维持正常需求,便于将存余物资周转调配到疫情严重地区。

第三,轻者行政处罚,重者刑事打击。我国《刑法》第二百二十五条第四项规定:"违反国家规定,有下列非法经营行为之一,扰乱市场秩序,情节严重的,处五年以下有期徒刑或者拘役,并处或者单处违法所得一倍以上五倍以下罚金;情节特别严重的,处五年以上有期徒刑,并处违法所得一倍以上五倍以下罚金或者没收财产:……(四)其他严重扰乱市场秩序的非法经营行为。"国家运用法律制裁恶意囤积紧急物资的行为,对于在疫情期间,利用紧急物资,哄抬物价、投机倒把的,严重的可以非法经营罪追究刑事责任。

第四,向世界卫生组织申请物资、医疗等的援助;向世界友好国家申请国际援助。

第五,紧急物资生产企业复工复产,将类似企业、类似流水线改组,保证疫情期间的物资生产产能,确保防疫物资供应。

9. 在疫情发生期间,如何保障生活必需品的供应?

案情回放

某省去年冬季出现暖冬,造成该省突发大规模传染病,累计确诊人数过万，且死亡人数呈现上升趋势。从传播范围看，临近省份也在逐渐出现新增确诊或者疑似病例。当地政府积极启动应急预案，封锁省内交通，进入全城戒备，全力阻击疫情。受疫情的影响，居民陷入恐慌，纷纷开始囤积生活物资，各大超市均被抢购一空，导致省内生活物资出现断档现象。那么，为应对疫情，如何保障居民的正常生活供应？

案例评析

在疫情严重时期，政府部门可以采取各种措施阻击疫情，防止疫情呈现扩大趋势，但是，必须保证疫区居民的正常生活需要。为此，我国《突发事件应对法》第三十二条规定："国家建立健全应急物资储备保障制度，完善重要应急物资的监管、生产、储备、调拨和紧急配送体系。设区的市级以上人民政府……应当建立应急救援物资、生活必需品和应急处置装备的储备制度。县级以上地方各级人民政府应当根据本地区的实际情况，与有关企业签订协议，保障应急救援物资、生活必需品和应急处置装备的生产、供给。"

可见，在应对疫情，保障居民基本生活的层面，政府必须做到以下几方面工作：

第一，可以启用应急物资，调拨输送到疫区；同时，协调增加供给，协调周边各省及农业大省集中输送生活物资。

第二，畅通物资配送渠道，协调利用邮政等网上—实体的运输通道，鼓励疫情期间以网上购物代替实体购物。建立物资运输绿色通道，开放主要交通干道的生活物资配送渠道，对于运输车辆免检、免停、免报告，点对点地到达指定区域。建立配送到户、免接触的配送体系，可由居委会、村委会集中配送代替居民自取。

第三，利用小区、街道、村镇的卫生防疫点，建立生活物资保障小组，及时、迅捷地反馈疫区生活物资使用情况、存余情况，实时监测。

第四，开源节流，鼓励粮油、蔬菜企业复工复产，提高企业的物资储备。同时，限制疫区居民的购买次数，维持正常生活需要即可，禁止抢购、囤积生活物资。

第五，加大物资市场的监控，防止无良企业过分囤积物资导致的物资匮乏、物价飞升的现象出现，严厉惩处疫情期间扰乱市场秩序的行为，可以罚款、没收，严重的以非法经营罪论处。

二 税收、财政金融保障

10. 在疫情发生后，小微企业可以得到哪些税收和政策优惠？

案情回放

2019 年，小林在 A 市开了一家小型餐饮公司，主要经营范围为健康餐饮。为了拓展业务、增加营业收入，小林辛辛苦苦忙活了一年多，逐渐形成了较为稳定的客户群，公司名气也慢慢上升。根据小林的推算，春节后公司的营业收入应该可以迎来一波小高潮，但这个愿望却被来势汹汹的新冠肺炎疫情打了个措手不及。疫情防控期间，A 市住宅区封闭式管理、商场关停，受此影响，餐饮公司在 2020 年第一季度只有微薄的营业收入，小林特别发愁。她向税务部门咨询，想知道疫情期间有没有什么针对小微企业的税收优惠或者其他优惠政策。那么，疫情发生之后，小微企业到底可以得到哪些税收和政策优惠呢？

案例评析

为支持小微企业的发展，早在 2019 年，国家就出台了《财政部、税务总局关于实施小微企业普惠性税收减免政策的通知》（财税〔2019〕13 号），规定了一系列针对小微企业的税收减免政策，如免征月销售额在 10 万元及以下的小微企业的增值税，等等。由于新型冠状病毒导致的肺炎疫情对我国企业的生产经营造成了严重影响，为了做好疫情防控期间的税费征收与服务工作，助力小微企业健康成长，我国财政部、国家税务总局等部门发布多个公告给予支持。具体体现在以下几个方面：

第一，申报期限延长。《国家税务总局关于延长2020年3月纳税申报期限有关事项的通知》（税总函〔2020〕37号）第一条规定："对按月申报的纳税人，在全国范围内将纳税申报期限由3月16日延长至3月23日；对3月23日仍处于疫情防控一级响应的地区，可再适当延长纳税申报期限，由省税务局依法按规定明确适用范围和截止日期。"同时，该通知第二条规定，如果纳税人在前述期间办理申报仍有困难的，可以依法向税务机关申请延期申报。

第二，税收减免。《财政部、税务总局关于支持新型冠状病毒感染的肺炎疫情防控有关税收政策的公告》（财政部、税务总局公告2020年第8号）第五条第一款规定："对纳税人提供公共交通运输服务、生活服务，以及为居民提供必需生活物资快递收派服务取得的收入，免征增值税。"据此，疫情期间，为纳税人提供公共交通运输、生活服务等服务的企业（如快递公司），为纳税人运输疫情防护、保障物资、提供生活服务取得的收入，可免缴增值税，而无论该收入是否超过10万元。其后，《财政部、税务总局关于支持个体工商户复工复业增值税政策的公告》（财政部、税务总局公告2020年第13号）称："自2020年3月1日至5月31日，对湖北省增值税小规模纳税人，适用3%征收率的应税销售收入，免征增值税；适用3%预征率的预缴增值税项目，暂停预缴增值税。除湖北省外，其他省、自治区、直辖市的增值税小规模纳税人，适用3%征收率的应税销售收入，减按1%征收率征收增值税；适用3%预征率的预缴增值税项目，减按1%预征率预缴增值税。"由此可见，其他行业的小规模纳税人，也可以享受税收优惠政策。

第三，亏损结转期限延长。《财政部、税务总局关于支持新型冠状病毒感染的肺炎疫情防控有关税收政策的公告》（财政部、税务总局公告2020年第8号）第四条规定："受疫情影响较大的困难行业企业2020年度发生的亏损，最长结转年限由5年延长至8年。困难行业企业，包括交通运输、餐饮、住宿、旅游（指旅行社及相关服务、游览景区管理两类）四大类，具体判断标准按照现行《国民经济行业分类》执行。困难行业企业2020年度主营业务收入须占收入总额（剔除不征税收入和投资收益）的 50% 以上。”由此可见，如果交通运输、餐饮、住宿、旅游等类别的企业在 2020 年度主营业务收入占收入总额的比重在 50% 以上的，可依法享受延长亏损结转年限政策，最长可将 2020 年度发生的亏损结转年限延长至 8 年。

案例中，小林的公司属于餐饮行业，受疫情影响较重。根据前述规定，一方面，小林可以申请延长纳税申报期限；另一方面，小林的公司在疫情期间所取得的收入可依法减免增值税。此外，如果其公司在 2020 年度产生的主营业务收入占收入总额 50% 以上的，还可以申请延长亏损结转年限。

11. 对于国外人士捐赠的物资，在进入海关后，是否需要缴纳关税？

案情回放

2018 年 4 月，J 市 H 县发生了特大洪水，淹没村庄无数。等村民们刚着手灾后重建家园时，另一不幸又悄然降临。支援 J 市的医护人员在诊治伤患时，发现部分病例出现了某种乙类传染病的症状，经检测，该部分患者被确诊患有 F 传染病。好在医护人员已经预先采取了相应的防护措施，该传染病病毒没有在 J 市大范围传播。但是这对刚受重创的 H 县来说，可谓是雪上加霜。从当地走出去的新加坡籍华裔宁某听闻此事后，当即决定从境外捐赠一批医疗物资驰援家乡。宁某久未归国，不太了解国内关于慈善捐赠的税收征收问题。请问，境外人士捐赠的物资进入海关后，是否需要缴纳关税？

案例评析

所谓境外捐赠人，是指来自我国关境之外，向国内捐赠物资的自然人、法人或其他组织。境外人士捐赠的物资不需要缴纳关税。我国《慈善法》第八十条明确规定：“自然人、法人和其他组织捐赠财产用于慈善活动的，依法享受税收优惠。企业慈善捐赠支出超过法律规定的准予在计算企业所得税应纳税所得额时当年扣除的部分，允许结转以后三年内在计算应纳税所得额时扣除。境外捐赠用于慈善活动的物资，依法减征或者免征进口关税和进口环节增值税。”同时,《慈善捐赠物资免征进口税收暂行办法》第二条也规定：“对境外捐赠人无偿向受赠人捐赠的直接用于慈善事业的物资，免征进口关税和进口环节增值税。”根据前述规定可知，境外捐赠的直接用于慈善事业的物资，不必缴纳进口关税和进口环节增值税。

案例中，从H县走出去的宁某是新加坡籍华裔，属于境外捐赠人。宁某所捐物资是无偿捐赠给H县的救灾物资，属于直接用于慈善事业，故无须缴纳进口关税和进口环节增值税。

12. 企业对疫区人民的捐赠支出，能减免税或抵税吗?

案情回放

H公司是S省新兴的一家医疗器械公司，该公司的创始人邵某系寒门学子，多亏各方资助才得以完成学业。学成之后，邵某先是在研究所工作，后下海经商创立了H公司，主要生产销售检验科医疗设备和体外诊断试剂。自有余力以来，邵某热衷公益，大力感恩回馈社会。2018年S省Z县暴发了传染病疫情，为了帮助疫区人民渡过难关，在邵某的组织下，H公司通过慈善基金会捐赠了大批诊断试剂和防护服、口罩、消毒液等医用物资。后该公司财务人员向税务部门咨询，想知道该公司的捐赠支出可不可以抵税。那么，企业对疫区人民的捐赠支出，是否可以减免税或抵税呢?

案例评析

企业的公益性支出可以依法抵扣税收。我国《企业所得税法》第九条规定：“企业发生的公益性捐赠支出，在年度利润总额12%以内的部分，准予在计算应纳税所得额时扣除；超过年度利润总额12%的部分，准予结转以后三年内在计算应纳税所得额时扣除。”由此可知，企业的公益性捐赠支出是可以在计算应纳税所得额时予以扣除的，但是并非所有的该等支出均可一次性全额扣除：对公益性捐赠支出在捐赠企业年度利润总额 12% 以内的部分，可在计算应纳税所得额时全部扣除；对于超过捐赠企业年度利润总额 12% 的部分，则需要在结转之后 3 年内在计算应纳税所得额时扣除。

上面的案例中，H 公司为支援 Z 县抗击疫情捐赠医用物资的行为是其履行企业社会责任的表现，是一种公益性捐赠支出，值得鼓励。根据上述法律规定，如果该公司捐赠的物资金额在该公司年度利润 12% 以内的，可以在当年计算应纳税所得额时全额扣除；如果该公司捐赠的物资金额超过该公司年度利润 12% 的，对于超过的部分，可在结转之后三年内在计算应纳税所得额时扣除。

13. 疫情发生时，政府可以采用单一来源方式进行采购吗？

案情回放

2018 年初春，S 省 L 市暴发了重大流感疫情。S 省因此启动重大突发公共卫生事件一级响应，小区实行封闭式管理、娱乐场所全部关停。昔日热闹繁华的 L 市，除了政府工作人员、志愿者以及为应对疫情不得不生产的企业之外，再无人员流动。小张在 L 市莲花县工作，日日奋战在一线。受疫情影响，当地农民无法外出购买粮种、化肥等农用生产资料，但是，春耕不等人，故莲花县决定通过政府采购的方式购买一批农用物资，免费发放给农民。经过多方筹划，最终却只有一家供应商可以正常供应农用物资，故莲花县无法通过招投标的方式采购。请问，这种情况下，莲花县可以采用单一来源方式进行采购吗？

案例评析

疫情期间，莲花县可以通过单一来源方式采购物资。所谓单一来源采购是指采购人自唯一的供应商处采购商品或服务。一般情况下，政府采购应当通过公开招投标的方式进行，但该方式并非时时可行，故《政府采购法》第三十一条规定："符合下列情形之一的货物或者服务，可以依照本法采用单一来源方式采购：（一）只能从唯一供应商处采购的；（二）发生了不可预见的紧急情况不能从其他供应商处采购的；（三）必须保证原有采购项目一致性或者服务配套的要求，需要继续从原供应商处添购，且添购资金总额不超过原合同采购金额百分之十的。"故此，如果发生了不可预见的紧急情况，导致政府部门无法从其他供应商处采购商品或服务的，也可以采用单一来源方式采购。

需要注意的是，由于缺乏竞争性，单一来源方式采购中的采购人往往处于不利地位，为保障采购人的利益，《政府采购法》第三十九条特别规定："采取单一来源方式采购的，采购人与供应商应当遵循本法规定的原则，在保证采购项目质量和双方商定合理价格的基础上进行采购。"第三条规定："政府采购应当遵循公开透明原则、公平竞争原则、公正原则和诚实信用原则。"基于此，以单一来源方式采购时，应注意以下几点：其一，采购人与供应商之间应坚持公开透明、公平公正和诚实信用原则，不能因为供应商单一，就对前述原则置若罔闻。其二，供应商应保证供应商品或服务的质量，采购人应当严格要求、明确验收标准和方法。其三，供应商与采购人应在平等协商的基础上确定合理的采购价格。

上面的案例中，疫情是无法预见的突发公共卫生事件，且其导致莲花县无法从其他供应商处获得商品或服务供应，仅有一家供应商可以为莲花县供应农用物资，符合采用单一来源采购的法定情形。因此，莲花县可以采用单一来源方式采购农用物资，但其应当与供应商就价格等进行协商，合理定价，建立平等的权利义务关系。

14. 疫情发生期间，债券发行是否可以正常申请？

案情回放

V公司是一家上市公司，2019年下半年，V公司因投资失利短暂陷入资金困境，好在该公司信用良好，自金融机构借贷一笔款项缓解了燃眉之急。之后，V公司一直在筹划公开发行可转换公司债券事项。受新冠肺炎疫情影响，V公司的生产经营活动更是雪上加霜，这更加坚定了V公司管理层在5月之前推进公开发行可转换公司债券事宜的决心。目前，该事项尚未经过公司董事会，董事们担心的是，现在举国上下都在抗击疫情，不知是否可以正常申请发行公司债券。如果不能的话，工作人员又是白做功。那么，疫情发生期间，企业到底可不可以正常申请发行公司债券呢？

案例评析

疫情期间，企业可以正常申请发行公司债券。《证券法》第九条规定："公开发行证券，必须符合法律、行政法规规定的条件，并依法报经国务院证券监督管理机构或者国务院授权的部门注册。未经依法注册，任何单位和个人不得公开发行证券。证券发行注册制的具体范围、实施步骤，由国务院规定。有下列情形之一的，为公开发行：（一）向不特定对象发行证券；（二）向特定对象发行证券累计超过二百人，但依法实施员工持股计划的员工人数不计算在内；（三）法律、行政法规规定的其他发行行为。非公开发行证券，不得采用广告、公开劝诱和变相公开方式。"据此可知，新《证券法》将证券发行核准制改为了注册制，简化了证券发行的程序，且该法已于2020年3月1日正式开始施行。

为妥善安排疫情防控期间金融机构的债券、证券、短期融资券业务，中国人民银行金融市场司发布的《关于疫情防控期间金融机构发行债券有关事宜的通知》（银市场〔2020〕5号）规定，疫情期间，金融机构可以通过电子邮件等方式发送债券发行申请材料、备案材料，远程处理债券发行工作，金融市场司工作人员将通过电话、邮件形式作出反馈。同时，为鼓励通过远程招标的方式发行债券，该通知特别要求债券招标发行技术支持部门优化流程，在合规的基础上为受疫情影响无法达到现场的债券发行人提供便利，支持其开展债券远程招标发行工作。可见，疫情期间，企业也是可以正常申请发行公司债券的。

上面的案例中，V公司出现了资金不足的问题，可以依法申请发行可转换公司债券。即使疫情防控期间部分单位无法正常办公，V公司也可以通过电子邮件、电话方式咨询相关政策，可以通过远程招标的方式发行债券。需要注意的是，尽管注册制改革为证券发行带来了便利，但在发行债券时仍然需要遵循法定程序。发行可转换公司债券之前，V公司应当向国务院证券监督管理机构或国务院授权的部门申请注册。有关单位的工作人员在审核申请材料时，应当严格依法进行，依法为其发行债券提供便利，助推企业发展。

三 司法工作保障

15. 疫情防控期间，法院的诉讼服务如何开展？

案情回放

小胡与小孙因履行合同问题产生纠纷。2019 年 12 月，小胡向某法院提起诉讼。2020 年 1 月，法院组织双方进行了第一轮开庭审理。在开庭的过程中，因牵涉到第三人，法院决定于 2 月某日上午再次开庭审理。结果，新冠肺炎的暴发打乱了这一切。为了有效控制疫情的传播和扩散，当地政府已经宣布启动重大突发公共卫生事件一级响应，要求民众居家，限制外出。为此，小胡十分担心，不知道该如何进行第二次开庭。那么，疫情防控期间，法院的诉讼服务如何开展？

案例评析

在疫情防控期间，根据案情以及当事人的情况，法院可以组织当事人进行在线庭审。2020 年年初，突如其来的新冠肺炎扰乱了人们的正常生活，法院系统的诉讼工作也受到了严重影响。为了切实保障人民群众的生命安全和身体健康，维护当事人的合法权益，保障正常有序的诉讼活动，2020 年 2 月 14 日，最高人民法院发布了《关于新冠肺炎疫情防控期间加强和规范在线诉讼工作的通知》，该通知中明确规定，各级人民法院要积极依托中国移动微法院、诉讼服务网、12368 诉讼服务热线等在线诉讼平台，全面开展网上立案、调解、证据交换、庭审、宣判、送达等在线诉讼活动，有效满足疫情防控期间人民群众司法需求，确保人民法院审判工作平稳有序运行。各级人民法院推进在线诉讼，既要充分考虑案件类型、难易程度、轻重缓急等因素，又要切实维护当事人合法诉讼权益，尊重当事人对案件办理模式的选择权，全面告知在线诉讼的权利义务和法律后果。当事人同意案件在线办理的，应当在信息系统确认、留痕，确保相关诉讼活动的法律效力。当事人不同意案件在线办理，依法申请延期审理的，人民法院应当准许，不得强制适用在线诉讼。案件符合诉讼法律关于中止审理有关规定的，人民法院可以中止诉讼。此外，各级人民法院要积极推广和有序规范在线庭审，综合考虑技术条件、案件情况和当事人意愿等因素，确定是否采取在线庭审方式。民商事、行政案件一般均可以采取在线方式开庭，但案件存在双方当事人不同意在线庭审、不具备在线庭审技术条件、需现场查明身份、核对原件、查验实物等情形的，不适用在线庭审。刑事案件可以采取远程视频方式讯问被告人、宣告判决、审理减刑、假释案件等。对适用简易程序、速裁程序的简单刑事案件、认罪认罚从宽案件，以及妨害疫情防控的刑事案件，可以探索采取远程视频方式开庭。在线庭审活动应当遵循诉讼法律及司法解释的相关规定，充分保障当事人申请回避、举证、质证、陈述、辩论等诉讼权利。在线庭审应当以在线视频方式进行，不得采取书面或者语音方式。

由此可见，在疫情防控期间，当事人可以通过中国移动微法院、诉讼服务网、12368 诉讼服务热线等在线诉讼平台，来满足自己的司法需求。人民法院可以通过在线诉讼平台，完成立案、调解、证据交换、庭审、宣判、送达等诉讼活动。在上面的案例中，若小胡与小孙的案件并不存在商业机密、隐私问题，或不存在一方不同意在线庭审等情形的，法院可以组织双方以在线视频的方式进行在线庭审。

16. 疫情防控期间，诉讼时效怎么算？

案情回放

三年前，陈叔叔借给朋友齐某五万元钱，因碍于情面，从未开口向齐某索要。前不久，因家里有事，急需用钱，陈叔叔向齐某提出，要求其偿还借款，但齐某却称，早在一年前已经还清借款。无奈之下，陈叔叔打算向法院起诉齐某，但当地法院诉讼活动受到了突然暴发的新冠肺炎疫情影响。陈叔叔的一个朋友告诉他说，因借款还有一个月就满三年，若再不起诉就要超过诉讼时效，自己本来能胜诉也有可能败诉。陈叔叔对此感到十分焦急，不知道该怎么办。那么，疫情防控期间，诉讼时效怎么算？

案例评析

暴发疫情属于不可抗力，诉讼时效依法可以中止。“法律不保护躺在权利上睡觉的人”，为了让当事人能够积极行使自己的权利，我国法律明确规定了诉讼时效制度，同时还明确规定了诉讼中止、诉讼中断的情形以及计算方法，从而更加全面地保护当事人的合法权益。《民法总则》第一百九十四条明确规定了诉讼时效中止的五种情形，以及诉讼时效中止的计算方式，其中，不可抗力即为情形之一。依据该规定，在诉讼时效期间的最后六个月内，因不可抗力不能行使请求权的，诉讼时效中止，自中止时效的原因消除之日起满六个月，诉讼时效期间届满。

同时，我国《突发事件应对法》第十三条规定：“因采取突发事件应对措施，诉讼、行政复议、仲裁活动不能正常进行的，适用有关时效中止和程序中止的规定，但法律另有规定的除外。”由此可见，在诉讼时效期间的最后六个月内，采取突发事件应对措施后，诉讼活动不能正常进行的，诉讼时效中止；当中止时效的原因消除后，诉讼时效期间自中止时效的原因消除之日起六个月届满。

在上面的案例中，新型冠状肺炎的暴发，属于不能预见、不能避免、不能克服的客观情况，属于不可抗力，也属于突发事件，并且本案中的诉讼时效还有一个月就到期，那么根据法律规定，在新冠肺炎疫情结束之日起满六个月，诉讼时效期间才届满，陈叔叔完全不必担心诉讼时效届满，丧失胜诉权的问题。如果陈叔叔急用钱需要起诉，可以选择通过中国移动微法院、诉讼服务网、12368 诉讼服务热线等在线诉讼平台，法院工作人员也会依法受理，对案件进行审判。

17. 疫情防控期间，法律援助工作如何开展？

案情回放

随着我国政府对新冠肺炎疫情防控取得阶段性胜利，各地开始组织、开展企业复工复产工作。2020 年 3 月 10 日，在某工厂工作的小韩接到单位的复工通知，要求其到指定地点进行体检后，于 3 月 16 日正式报到复工。3 月 25 日下午，小韩在调试工厂机器设备时，左手手臂不慎被机器轧到。经过鉴定，小韩的伤势为轻伤一级。为此，小韩的家人多次找到工厂，要求赔偿医疗费用等，但工厂均以小韩违规操作为由，拒绝承担任何费用。小韩家境贫寒，想走法律程序维权却请不起律师，于是，有人建议他申请法律援助。那么，疫情防控期间，法律援助工作如何开展？

案例评析

疫情无情，法援有爱。虽然全国各地暴发了大规模的新冠肺炎疫情，但法律援助却仍在砥砺前行，为需要的人们送去最贴心的法律帮助。在防控疫情期间，我国司法部印发的《疫情防控和企业复工复产公共法律服务工作指引》第三部分明确规定了，法律援助工作在疫情防控期间内，应如何开展援助工作，即“三、为受援人提供有效的法律援助：9. 适当放宽经济困难审查标准。对于群众因疫情而导致生活困难的，与相关部门研究建立信息共享和衔接协作机制，依法合理审查经济困难标准，明确免于审查经济困难的人员范围。探索法律援助经济困难证明告知承诺制，因疫情无法提供困难证明的申请人可采取书面承诺方式申请法律援助。对于诉讼时效即将届满、需要立即采取保全措施等紧急或者特殊案件，可为受援人先行提供法律援助。10. 切实保障法律援助服务质量。认真组织办理涉疫情刑事法律援助案件，依法加强质量监督和风险管理。充分利用远程视频、微信等信息化手段，实现值班律师'在场'的法定要求，为犯罪嫌疑人、被告人提供法律帮助。对因疫情延误行使管辖权异议、举证、上诉、申请强制执行等程序权益的，指导当事人通过申请不可抗力事实证明等方式维护自身权益……"

也就是说，为了方便为人民群众提供法律援助，法律援助单位在疫情期间可以充分利用远程视频、微信等信息化手段，为当事人提供法律帮助；同时，国家也适当放宽了经济困难审查标准，并且在不断探索法律援助经济困难证明告知承诺制，从而尽最大可能为群众提供法律援助；此外，对于诉讼时效即将届满等紧急或特殊的案件，可先行提供法律援助。在上面的案例中，小韩在工作中不慎受伤，工厂以小韩违规操作为由拒不赔偿医疗费用等，针对此情况，小韩可以通过电话等信息化手段向当地法律援助单位寻求法律帮助。法律援助单位接到小韩的申请后，可与相关部门联系了解小韩的家庭经济状况，若小韩因疫情无法提供困难证明，也可以采取书面承诺的方式申请法律援助。

四 奖惩与恢复

18. 在疫情中作出贡献的人员，应给予怎样的肯定？

案情回放

2020 年 3 月下旬，H 市的新型冠状病毒肺炎疫情终于得到有效管控，形势好转。这离不开各地各部门立足本职工作，认真履行职责，积极为打赢疫情防控阻击战作出的一系列贡献。此前，H 市疫情相当严重，C 市立即安排了 360 名医疗队员支援 H 市。这 360 名医护人员不害怕不退缩，果断离开家乡和家人，舍生忘死，全力奋战在疫情防控的第一线，尽最大可能去救治病人。如今，他们已完成使命，顺利返回 C 市，为 H 市防疫保卫战立下了汗马功劳。那么，对于这些医护人员，应当给予怎样的肯定？

案例评析

在疫情防控工作中，各部门工作人员不忘初心，坚守岗位，各司其职，为抗击疫情尽自己最大的力量，才得以让疫情得到有效遏制，确保了社会的正常运转。这些为疫情防控工作作出积极贡献的单位和个人，都应当受到相应的肯定与表彰。我国《突发事件应对法》第六十一条规定：“国务院根据受突发事件影响地区遭受损失的情况，制定扶持该地区有关行业发展的优惠政策。受突发事件影响地区的人民政府应当根据本地区遭受损失的情况，制定救助、补偿、抚慰、抚恤、安置等善后工作计划并组织实施，妥善解决因处置突发事件引发的矛盾和纠纷。公民参加应急救援工作或者协助维护社会秩序期间，其在本单位的工资待遇和福利不变；表现突出、成绩显著的，由县级以上人民政府给予表彰或者奖励。县级以上人民政府对在应急救援工作中伤亡的人员依法给予抚恤。”

据此，本案中的360名医护人员在疫情中作出了突出贡献，C市政府部门应当做好关心服务保障工作，并采取不同的形式对他们予以表彰或奖励，向社会宣扬他们的“抗疫精神”。

19. 公共卫生事件得到有效控制后，应采取哪些措施进行恢复？

案情回放

2019年春季，K县发生了多起人感染高致病性禽流感病例，并且同类型的病例一直在增加，具有极强的传染性和扩散趋势。K县卫生行政主管部门立即组织专家对突发事件进行综合评估，并启动了应急方案。为切断传播途径，封锁了传染病疫区，限制群众在公共场所活动，要求学校停课和企业停止一切生产经营活动，同时对传染病病人和疑似传染病病人进行就地隔离、观察和治疗，积极协调物资设备等。通过各方努力和综合治理，两个月后，该县流感疫情的威胁和危害得到有效控制，病例已经连续一个月没有再增加。那么，接下来应当采取哪些措施进行恢复？

案例评析

恢复与重建是应对突发事件工作的最后一个阶段，政府部门应当组织受影响地区尽快恢复正常的生产、生活、工作和社会秩序，而且修复工作进展越快，对社会功能的恢复就越有成效。我国《突发事件应对法》第五十八条规定：“突发事件的威胁和危害得到控制或者消除后，履行统一领导职责或者组织处置突发事件的人民政府应当停止执行依照本法规定采取的应急处置措施，同时采取或者继续实施必要措施，防止发生自然灾害、事故灾难、公共卫生事件的次生、衍生事件或者重新引发社会安全事件。”第五十九条规定：

“突发事件应急处置工作结束后，履行统一领导职责的人民政府应当立即组织对突发事件造成的损失进行评估，组织受影响地区尽快恢复生产、生活、工作和社会秩序，制定恢复重建计划，并向上一级人民政府报告。受突发事件影响地区的人民政府应当及时组织和协调公安、交通、铁路、民航、邮电、建设等有关部门恢复社会治安秩序，尽快修复被损坏的交通、通信、供水、排水、供电、供气、供热等公共设施。”

根据这些规定，K县公共卫生事件得到有效控制后，一是要停止应急处置措施，解封道路和放松对公共场所活动的限制，陆续恢复各企业的生产经营活动，学校开始正常上课；二是不能放松警惕，要继续采取相应的措施防止发生公共卫生事件的次生、衍生事件或者重新引发社会安全事件，如对感染人员进行安抚，做好矛盾纠纷的化解调处工作等；三是要及时组织和协调建设生活生产必需的公共设施；四是有关政府和部门应当对此次事件的起因、性质、影响、责任、经验教训等问题进行调查评估，制订改进方案，不断完善公共卫生事件的应急预案和应急机制。

20. 在恢复与重建过程中需要上一级政府支持的，应该怎么办？

案情回放

2019年年底，P县发生了H7N9流感疫情，感染地区和人数不断增加，当地企业也被迫停工。大概一个月后，疫情得到控制，但当地企业和经济都受到了巨大的损失。加上P县一直存在经济落后、技术缺乏、人才流失等问题，财政因此次疫情也变得更加困难，在后续的恢复与重建过程中，显得十分吃力。此时，P县应该怎么办？

案例评析

受突发事件影响的地区首先应当尽自己最大的努力动员或者调集资源开展恢复重建工作，但是如果因为经济困难，突发事件造成了重大损失，确实无法独立完成恢复重建工作的，可以请求上一级人民政府提供支持，我国《突发事件应对法》第六十条对此进行了明确的规定，“受突发事件影响地区的人民政府开展恢复重建工作需要上一级人民政府支持的，可以向上一级人民政府提出请求。上一级人民政府应当根据受影响地区遭受的损失和实际情况，提供资金、物资支持和技术指导，组织其他地区提供资金、物资和人力支援。”因此，本案中的P县可以向其所在的市政府提出请求，市政府会根据P县的现状来提供相应的支持，从而让P县更快更好地恢复社会运行秩序。

21. 在疫情发生过程中有失职行为的人员，通常会承担哪些法律责任？

案情回放

新型冠状病毒肺炎疫情暴发时期，G省的感染人数在逐渐增加，该省Q市疫情尤为严重。面对如此紧张严峻的情势，Q市疾病控制小组的负责人小何擅自决定不再对确诊病例密切接触者进行系统统计和数据审核，导致了相关人员漏排和漏报数据。另外，小何未将感染13人的聚集性疫情及时上报，造成了严重的不良影响。那么，小何应当承担怎样的法律责任？

案例评析

各级行政机关应当依法办事，严格按照法律规定的职责和权限管理国家各项行政事务。尤其是在突发公共卫生事件处置的过程中，行政机关及其工作人员必须采取合理的应急处置措施，有效整合各类应急资源，保障群众的基本生活，同时要及时发布事态发展和应急处置工作的相关信息，不得迟报、谎报、瞒报、漏报信息。若有失职，则需承担相应的行政责任。

因此，根据《突发公共卫生事件应急条例》第四十五条的规定，县级以上地方人民政府及其卫生行政主管部门未依照本条例的规定履行报告职责，对突发事件隐瞒、缓报、谎报或者授意他人隐瞒、缓报、谎报的，对政府主要领导人及其卫生行政主管部门主要负责人，依法给予降级或者撤职的行政处分；造成传染病传播、流行或者对社会公众健康造成其他严重危害后果的，依法给予开除的行政处分；构成犯罪的，依法追究刑事责任。因此，小何应当被给予开除公职的行政处分。

第五章

监督管理与责任落实

一　行政组织监督与责任

1. 疫情发生时，卫生行政部门需要履行哪些监督职责？

案情回放

2018 年 4 月，某县发生某乙类传染病疫情。4 月 15 日，该县卫生局联合县疾病预防控制中心对全县医疗机构的疫情管理和报告情况进行了联合督查。在督查过程中，督查组发现某镇人民医院存在漏报疫情数据现象，于是依据《传染病防治法》的规定对该医院进行了行政处罚。这为全县医疗机构在疫情期间的疫情报告工作敲响了警钟，起到了非常好的警示作用。那么，在传染病疫情发生时，卫生行政部门都有哪些监督职责呢？

案例评析

在疫情发生时，卫生安全是关系到社会公共安全的问题，卫生行政部门责任重大，不但需要负责疫情防控，还要对各机关的防控工作进行监督检查。那么，卫生行政部门都要履行哪些监督职责呢？根据我国《传染病防治法》第五十三条规定："县级以上人民政府卫生行政部门对传染病防治工作履行下列监督检查职责：（一）对下级人民政府卫生行政部门履行本法规定的传染病防治职责进行监督检查；（二）对疾病预防控制机构、医疗机构的传染病防治工作进行监督检查；（三）对采供血机构的采供血活动进行监督检查；（四）对用于传染病防治的消毒产品及其生产单位进行监督检查，并对饮用水供水单位从事生产或者供应活动以及涉及饮用水卫生安全的产品进行监督检查;（五）对传染病菌种、毒种和传染病检测样本的采集、保藏、携带、运输、使用进行监督检查;（六）对公共场所和有关单位的卫生条件和传染病预防、控制措施进行监督检查。省级以上人民政府卫生行政部门负责组织对传染病防治重大事项的处理。”

由此可见，在疫情的防控过程中，县级以上卫生行政部门需要履行多项法定的监督职责。在上述案例中，该县卫生局对于全县各医疗机构的疫情报告情况有权进行监督检查，各医疗机构也负有如实向县卫生局报告情况的义务，否则就要受到相应的行政处罚。

2. 卫生行政部门履行监督检查职责时享有哪些权力?

案情回放

某市卫生监督局开展了一次对市内某供水集团公司饮用水安全的现场督查，对水源的周边防护情况、制水过程的过滤、消毒等过程以及突发饮用水污染事件应急预案情况进行了检查。其中，在对水源的抽查检验中，发现水中含嗜肺军团菌，市卫生监督局立即启动了应急预案，第一时间封闭了公共饮用水源。那么，在面对这种突发情况时，该市卫生监督局有权关闭公共水源吗？除此之外还有哪些权力呢？

案例评析

水是生命之源，水源的卫生安全关系着千家万户的生命安全。在突发传染病等公共卫生事件时，公共水源的卫生安全问题至关重要。根据《传染病防治法》第五十四条规定:“县级以上人民政府卫生行政部门在履行监督检查职责时，有权进入被检查单位和传染病疫情发生现场调查取证，查阅或者复制有关的资料和采集样本。被检查单位应当予以配合，不得拒绝、阻挠。”同时，该法第五十五条规定:“县级以上地方人民政府卫生行政部门在履行监督检查职责时，发现被传染病病原体污染的公共饮用水源、食品以及相关物品，如不及时采取控制措施可能导致传染病传播、流行的，可以采取封闭公共饮用水源、封存食品以及相关物品或者暂停销售的临时控制措施，并予以检验或者进行消毒。经检验，属于被污染的食品，应当予以销毁；对未被污染的食品或者经消毒后可以使用的物品，应当解除控制措施。”

由此可见，在履行监督检查职责时，县级以上地方人民政府卫生行政部门是有多项法定权力的。在上述案例中，某市卫生监督局在对供水集团公司的水质抽查中检测出了含嗜肺军团菌，这是一种经常依附于水中的传染病病原体，为了阻止传染病传播，防止损害进一步扩大，该市卫生监督局果断采取封闭公共水源的措施是正确的，也是有法可依的。

3. 卫生行政部门未依法履行职责的，需要承担什么责任?

案情回放

赵某某曾任某县某乡卫生院防保组组长，但是在某县发生某乙类传染病时，没有认真履行传染病疫情报告职责，在明知本县某工厂存在两例甲肝传染病患者的情况下，没有向上级进行上报。此举引发众怒，群众纷纷向县疾控中心举报赵某某，时任县疾控中心学卫科科长的李某对群众的举报视而不见，应付了事，没有起到对下级的监管作用。那么，对于赵某某和李某的这种行为，需要承担什么责任呢?

案例评析

我国《传染病防治法》第五十八条明确规定：“卫生行政部门及其工作人员履行职责，应当自觉接受社会和公民的监督。单位和个人有权向上级人民政府及其卫生行政部门举报违反本法的行为。接到举报的有关人民政府或者其卫生行政部门，应当及时调查处理。”同时，该法第六十六条规定：“县级以上人民政府卫生行政部门违反本法规定，有下列情形之一的，由本级人民政府、上级人民政府卫生行政部门责令改正，通报批评；造成传染病传播、流行或者其他严重后果的，对负有责任的主管人员和其他直接责任人员，依法给予行政处分；构成犯罪的，依法追究刑事责任：（一）未依法履行传染病疫情通报、报告或者公布职责，或者隐瞒、谎报、缓报传染病疫情的；（二）发生或者可能发生传染病传播时未及时采取预防、控制措施的；（三）未依法履行监督检查职责，或者发现违法行为不及时查处的；（四）未及时调查、处理单位和个人对下级卫生行政部门不履行传染病防治职责的举报的；（五）违反本法的其他失职、渎职行为。”

上述案例中的赵某某没有依法履行传染病疫情上报职责，李某作为其上级机关负责人员也没有依法履行监督检查职责，在发现违法行为时没有及时查处，对此二人的不法行为，应当按照法律规定给予相应的处分。

二 市场监管

4. 疫情防控期间，经营者囤积物资，高价售出的，构成犯罪吗？

案情回放

2020年年初，新型冠状肺炎在我国湖北省武汉市等地暴发。随着感染人数增加，口罩、护目镜、消毒液等防护用品供不应求。谢某是一家医疗公司的负责人，他在这次危机中发现了商机。经过数据调查后，谢某将库房中的KN95口罩、医用酒精等产品囤积起来，按照平时销售价格的10倍在网店分批售卖，获利二十万余元。谢某的妹妹得知此事，提醒他这种行为可能构成犯罪，劝他不要这样做。那么，谢某妹妹的说法正确吗？疫情防控期间，经营者囤积物资高价出售的，是否构成犯罪？

案例评析

谢某妹妹的说法正确。经营者的价格活动应当符合《价格法》的规定，不得推动商品价格过高上涨。在疫情防控期间，经营者更是不能囤积居奇，哄抬物价。早在2003年非典型肺炎暴发时，国家便出台了司法解释，严格禁止在预防、控制突发传染病疫情期间哄抬物价的行为。《突发公共卫生事件应急条例》第五十二条规定："在突发事件发生期间，散布谣言、哄抬物价、欺骗消费者，扰乱社会秩序、市场秩序的，由公安机关或者工商行政管理部门依法给予行政处罚；构成犯罪的，依法追究刑事责任。"此次新型冠状肺炎期间，最高人民法院、最高人民检察院、公安部、司法部联合制定的

《关于依法惩治妨害新型冠状病毒感染肺炎疫情防控违法犯罪的意见》也指出，要依法严惩哄抬物价犯罪，即“在疫情防控期间，违反国家有关市场经营、价格管理等规定，囤积居奇，哄抬疫情防控急需的口罩、护目镜、防护服、消毒液等防护用品、药品或者其他涉及民生的物品价格，牟取暴利，违法所得数额较大或者有其他严重情节，严重扰乱市场秩序的，依照刑法第二百二十五条第四项的规定，以非法经营罪定罪处罚”。据此可知，在突发公共卫生事件期间，经营者哄抬物价的，可能会被追究刑事责任。

案例中，谢某作为防护物资的供应商，在疫情防控期间不仅摒弃了社会责任感，还趁机哄抬物价，谋取暴利，其行为已经涉嫌构成非法经营罪。

5. 人人都可以在朋友圈卖口罩等防疫物资吗？

案情回放

2018年2月，C县发生了流感疫情，不到一周，该地区各药房的口罩等防疫物资被抢购一空，供不应求。邓阿姨通过其他渠道获得了大量一次性使用医用口罩，便在微信朋友圈、好友群里宣传出售，其与药店的售价相同，每天至少能卖出500个。小陈是C县食品药品监督管理局的工作人员，偶然在自己的微信好友群里发现了朋友转发的邓阿姨出售口罩的信息，此时小陈应该怎么做？

案例评析

我国《医疗器械监督管理条例》第二十九条规定：“从事医疗器械经营活动，应当有与经营规模和经营范围相适应的经营场所和贮存条件，以及与经营的医疗器械相适应的质量管理制度和质量管理机构或者人员。”第三十条规定：“从事第二类医疗器械经营的，由经营企业向所在地设区的市级人民政府食品药品监督管理部门备案并提交其符合本条例第二十九条规定条件的证明资料。”根据我国医疗器械分类目录可知，医用口罩属于第二类医疗器械产品，售卖此类防疫物资必须具备法律所规定的经营资质，有相应的经营场所和经营人员，并非人人均可从事。此外，该条例第六十三条规定，经营未取得医疗器械注册证的第二类医疗器械的，县级以上人民政府食品药品监督管理部门可没收违法所得和违法经营的医疗器械等物品；违法生产经营的医疗器械货值金额不足1万元的，并处5万元以上10万元以下罚款；货值金额1万元以上的，并处货值金额10倍以上20倍以下罚款。

本案中，邓阿姨只是一名普通群众，不具备出售一次性使用医用口罩的主体资格和其他条件，也没有取得医疗器械经营许可证，属于违法经营。即使C县由于疫情紧张处于特殊时期，医用口罩需求量大，很难购买，邓阿姨的销售行为也违反了法律规定。小陈作为食品药品监督管理局的工作人员，无论在何种情形下都应当秉公办事，依法履行自身职责，他应当将此次事件立即报告给单位负责人，并依照法定程序展开具体的调查，再根据邓阿姨违法行为的情节轻重，对其作出相应的处罚。

6. 疫情管控期间，饭店偷偷开展外卖业务，应如何处罚？

案情回放

2020年1月，在新型冠状病毒肺炎疫情防控期间，D省启动了突发公共卫生事件一级响应，并出台了专门的通知，规定所有饭店暂停营业，不允许开展外卖业务。S饭店老板小意认为其他饭店已经关门，假若此时自己悄悄通过外卖来营业，肯定会大赚一笔，于是小意在网络平台上发布了许多可以提供的菜品，并向订餐者谎称其已经通过相关部门批准可以正常营业。随后，小意陆续接到了订单，并让其朋友将食品配送到不同小区。一次，在K小区配送外卖时，小区物业管理工作人员老贾发现好几个居民聚在门口拿外卖，立马组织将人群分散开，并打电话向食品药品监督管理局举报了S饭店。那么，小意应当受到怎样的处罚？

案例评析

我国《突发事件应对法》第五十七条规定："突发事件发生地的公民应当服从人民政府、居民委员会、村民委员会或者所属单位的指挥和安排，配合人民政府采取的应急处置措施，积极参加应急救援工作，协助维护社会秩序。"在本案中，D省出台了疫情防控的特殊规定，S饭店必须严格遵守，暂停营业，因此经营者小意擅自通过开展外卖业务来销售食品，实属违法。《食品安全法》第一百二十六条第七项规定，经营者未按规定要求销售食品的，由食品安全监督管理部门责令改正，给予警告；拒不改正的，处五千元以上五万元以下罚款；情节严重的，责令停产停业，直至吊销许可证。《突发公共卫生事件应急条例》第五十二条规定："在突发事件发生期间，散布谣言、哄抬物价、欺骗消费者，扰乱社会秩序、市场秩序的，由公安机关或者工商行政管理部门依法给予行政处罚；构成犯罪的，依法追究刑事责任。"

据此，当地食品药品监督管理局接到老贾的举报后，应当立即进行查处，对小意的违法行为予以警告或者罚款。如果情节严重，还可吊销S饭店的经营许可证，甚至追究小意的刑事责任。

7. 突发传染病疫情，小区被封闭管理，有业主在家做饭卖给小区居民，违法吗？

案情回放

L省突发传染病疫情，该省政府立即启动突发公共卫生事件一级应急响应，并采取严格的防控措施，对所有小区一律实行封闭性管理，从而减少人员流动。以前在餐馆工作过的小丽在家待着无聊，便在小区的业主微信群里发布消息，称自己可以做饭卖给其他邻居，其还发送了不同的标有价格的饭菜图片，并保证送货上门。第二天，小丽就卖出了15份，赚了300元，购买的邻居们都说小丽做的菜十分好吃，还抢着订购。但小丽的老公却不同意她这样做，称这是违法行为。请问，小丽这样做合法吗？

案例评析

食品安全直接关系到人们的生命健康，为保护消费者的合法权益，食品生产经营并不能任意为之。我国《食品安全法》第三十三条明确指出，食品生产经营不仅应当符合食品安全标准，还必须具备食品生产经营的固定场所、设备或设施、食品安全管理人员和保证食品安全的规章制度等条件。此外，第三十五条第一款规定："国家对食品生产经营实行许可制度。从事食品生产、食品销售、餐饮服务，应当依法取得许可。但是，销售食用农产品，不需要取得许可。"《餐饮服务许可管理办法》第二条第二款还规定："餐饮服务实行许可制度。餐饮服务提供者应当取得《餐饮服务许可证》，并依法承担餐饮服务的食品安全责任。"

由此可见，本案例中，尽管小丽是在家中做饭卖给小区居民，但仍属于从事餐饮经营活动，必须满足法律所规定的一系列经营要求，并取得相应的许可证。否则，无论是否在疫情防控期间，小丽在家做饭并出售食品的行为都是违法的。

8. 网络销售虚假伪劣防疫产品的，将会受到何种惩罚？

案情回放

甲型流感暴发期间，为了获得更多利润，唐某在自己的淘宝店中上架了一批不符合国家标准和行业标准的医用口罩和医用消毒液，然后与符合国家标准的医用口罩、医用消毒液一起出售。唐某的妻子劝他，说这是违法的，当心最后吃牢饭。唐某却不以为意，认为往年其他商家这么做都没有一点问题，自己应该也不会有什么事。唐某的想法和行为正确吗？其将受到何种惩罚？

案例评析

唐某的想法和行为是错误的。我国《刑法》第一百四十五条规定了生产、销售不符合标准的医用器材罪，即“生产不符合保障人体健康的国家标准、行业标准的医疗器械、医用卫生材料，或者销售明知是不符合保障人体健康的国家标准、行业标准的医疗器械、医用卫生材料，足以严重危害人体健康的，处三年以下有期徒刑或者拘役，并处销售金额百分之五十以上二倍以下罚金；对人体健康造成严重危害的，处三年以上十年以下有期徒刑，并处销售金额百分之五十以上二倍以下罚金；后果特别严重的，处十年以上有期徒刑或者无期徒刑，并处销售金额百分之五十以上二倍以下罚金或者没收财产”。

由此可知，明知道自己销售的医疗用品不符合国家标准、行业标准仍然做出销售行为的，涉嫌构成销售不符合标准的医用器材罪。案例中，医用口罩属于医疗器械，医用消毒液属于医用消毒产品，都有相应的国家标准。不符合国家标准、行业标准的医用口罩和医用消毒液无法达到有效防护、消毒的目的，可能导致人体健康受到损害，唐某将其上架至淘宝网店售卖的行为是违法的，涉嫌构成销售不符合标准的医用器材罪。

需要注意的是，唐某的想法也反映出我国对销售不符合标准的医用器材等违法犯罪行为宣传和监管不到位、处置不力的问题，导致民众对这一犯罪的认识不够，认为违法成本低，法律的权威在此没有得到明显的体现。对此，有关部门应当坚持执法必严、违法必究，提高不法分子的违法成本，杜绝此类现象发生。

三 交通、旅游管理

9. 对于出入疫区的交通工具，有关部门可以采取哪些检疫措施？

案情回放

2018 年年底，甲省 A 县人民医院急诊部发现多例疑似传染病患者，不久后，这些患者被确诊患有甲类传染病。为了防止疫情扩散，经上一级人民政府决定，A 县政府宣布本辖区为疫区，封闭了可能造成传染病扩散的场所，并决定依法实施交通应急处理措施。小林是当地交通行政部门的一名工作人员，由于刚参加工作，对传染病防治过程中实施的交通卫生检疫措施不甚了解。请问，防止重大传染病期间，对于出入疫区的交通工具，有关部门可以采取哪些检疫措施呢？

案例评析

对于出入疫区的交通工具，有关部门应当实施交通卫生检疫。我国《传染病防治法》第四十四条规定："发生甲类传染病时，为了防止该传染病通过交通工具及其乘运的人员、物资传播，可以实施交通卫生检疫。具体办法由国务院制定。"《突发公共卫生事件交通应急规定》对此作了进一步细化，第十八条明确规定："重大传染病疫情发生后，县级以上人民政府交通行政主管部门应当按照省级人民政府依法确定的检疫传染病疫区以及对出入检疫传染病疫区的交通工具及其乘运人员、物资实施交通应急处理的决定，和同级人民政府卫生行政主管部门在客运站、客运渡口、路口等设立交通卫生检疫站或者留验站，依法实施交通卫生检疫。”

可见，发生甲类传染病疫情期间，县级以上人民政府可以实施交通卫生检疫，交通行政主管部门和卫生行政主管部门应当依法采取设立交通卫生检疫站或留验站对出入疫区的交通工具及所载人员、物资进行卫生检疫查验、处理以及传染病监测等，以便尽早发现潜在病例，防止疫情扩散。

同时，为防止有关单位或个人拒绝检疫检查，《突发公共卫生事件交通应急规定》第二十八条特别规定：“对拒绝交通卫生检疫可能传播检疫传染病的车船、港站和其他停靠场所、乘运人员、运输货物，县级以上地方人民政府交通行政主管部门协助卫生行政主管部门，依法采取强制消毒或者其他必要的交通卫生检疫措施。”如果执法部门遇到拒绝配合检疫工作的单位或个人的，县级以上地方人民政府交通行政主管部门还可协助卫生行政主管部门进行强制消毒或采取其他必要措施。

在上述案例中，A 县已被确定为疫区，小林所在的单位应和当地卫生行政部门配合协同工作，在路口、货运站、客运站、渡口等地设置专门的卫生检疫站或者留验站，对出入疫区的交通工具及乘运人员、承运货物等进行卫生检疫、处理和传染病监测等工作。如果检疫对象拒绝配合，小林所在的单位可以对其采取强制消毒等措施。

10. 重大传染病疫情发生后，旅客接受卫生检疫检查是法定义务吗？

案情回放

2019 年冬季，C 市暴发甲型 H1N1 流感，由于该流感病毒可以通过飞沫传播，传播范围很广、速度极快。为了应对这次重大传染病疫情，各级政府部门都采取了严格的应对措施。其间，在当地卫生部门工作的小杨被临时抽调到 C 市机场工作，负责对出入该机场的人员进行卫生检疫。旅客们也知道甲型 H1N1 流感的严重性，都很配合工作人员的工作。但是，11 月 28 日上午，小杨在例行为几名旅客量体温时，被旅客以接受检疫检查非公民的法定义务为由拒绝，他们不仅拒绝接受体温测量，也拒不填写《旅客健康申报卡》，双方因此产生了激烈的言语冲突。请问，重大传染病疫情发生之后，旅客负有接受卫生检疫检查的法定义务吗？小杨应该怎么办？

案例评析

重大传染病疫情期间，旅客应当依法接受交通卫生检疫，这既有利于保障旅客和社会公众的健康安全，也是旅客负有的法定义务。《突发公共卫生事件交通应急规定》第二十四条已经明确规定："重大传染病疫情发生后，旅客乘坐车船，应当接受交通卫生检疫，如被初验为检疫传染病病人或者疑似检疫传染病病人、可能感染检疫传染病病人以及国务院卫生行政主管部门规定需要采取应急控制措施的传染病病人、疑似传染病病人及其密切接触者，还应当接受留验站或者卫生行政主管部门疾病预防控制机构对其实施临时隔离、医学检查或者其他应急医学措施。客运站应当认真查验《旅客健康申报卡》和客票。对不填报《旅客健康申报卡》的旅客，应当拒绝其乘坐客车、客船，并说明理由。"

根据前述规定可知，重大传染病疫情发生之后，旅客乘坐车船的，应当依法接受交通卫生检疫、认真如实填报《旅客健康申报卡》，以便有关部门展开疫情防治等工作，这是旅客的一项法定义务，必须履行并配合相关部门的工作。虽然该规定仅明确了"乘坐车船的旅客"的该等义务，但飞机也是交通工具之一，在疫情防控期间，旅客通过航空运输的方式出行与乘坐车船出行并无二致。因此，乘坐飞机出行的旅客同样应当接受卫生检验检疫，不得以任何理由拒绝。

本案中，旅客拒绝配合小杨测量体温、拒绝填写《旅客健康申报卡》的行为违反了法律规定，属于拒不履行接受交通卫生检疫的行为。对于此种情形，小杨应耐心地劝导拒绝配合的旅客，动之以情，晓之以理，引导其配合交通卫生检疫；如果旅客仍然拒不配合交通卫生检疫，小杨可协同机场方面拒绝让他们乘机，并向其说明理由。

11. 在交通工具上发现传染病病人应该怎么办?

案情回放

老马已经开了20多年的长途客车，是一位经验丰富的老司机。2020年4月，老马载着22位务工人员从B市到H市。出发不久后，一名乘客突然说自己不舒服，请老马在最近的服务站停一下。乘务员上前查看了该名乘客的症状，发现他脸非常红，乘务员以为是普通发烧，便给乘客贴了退烧贴。老马也在保证安全的前提下快速开往服务站点。谁料，二十分钟后，该名乘客说自己呼吸困难，可能是被家里人传染了出血热，请求乘务员拨打急救电话。这时，一名乘客说，出血热应该是一种传染病，可能整车人都需要隔离。老马立即通知了前方停靠第一服务站，组织乘运人员进入临时隔离点，并让他们做好个人防护，乘务员也在努力安抚他们的情绪。然后，老马给公司和B市卫健委拨打电话，询问具体应该怎么办。请问，老马和公司、B市卫健委应该采取哪些措施呢?

案例评析

根据我国《突发公共卫生事件交通应急规定》第二十六条、第二十七条、第三十二条规定，在交通工具上发现“检疫传染病病人或者疑似检疫传染病病人、可能感染检疫传染病病人以及国务院卫生行政主管部门规定需要采取应急控制措施的传染病病人、疑似传染病病人及其密切接触者”等人时，有关人员或单位应立即依法组织人员采取以下措施：

驾驶员或者船长应当做到以下几点：第一，以最快的方式通知前方的停靠点，并向交通工具上的所有人或者经营人和始发客运站报告；第二，对前述病人及与其密切接触者实施紧急卫生处理和临时隔离；第三，封闭已经被病毒污染或者可能被病毒污染的区域，如车厢、船舱等，并禁止乘客向外排放污物；第四，将交通工具迅速驶向指定的停靠点，并将《旅客健康申报卡》、乘运人员名单移交当地县级以上地方人民政府交通行政主管部门；第五，对交通工具和可能被污染的停靠场所实施卫生处理。交通工具的前方停靠点、交通工具的所有人或者经营人、始发客运站应在接到驾驶员或船长的报告后立即向当地县级以上地方人民政府交通行政主管部门、卫生行政主管部门报告。

县级以上地方人民政府交通行政主管部门、卫生行政主管部门接到有关报告后，应当立即组织有关人员到达现场，依法对该交通工具及其乘运人员、货物实施交通卫生检疫措施。如果是在运行中的船舶上发现有关传染病病人、疑似传染病病人及密切接触者等人的，海事管理机构应当协助有关部门依法对该船及其乘运人员、货物实施交通卫生检疫。如果是在非传染病疫区跨省、自治区、直辖市运行的船舶上发现有关传染病病人、疑似传染病病人及密切接触者的，则由交通运输部会同卫健委依法决定对该船实施交通卫生检疫，命令该船不得停靠或者通过港站。但是，因实施卫生检疫导致中断干线交通的，需要报国务院决定。

本案中，老马驾驶的客车中的乘客称自己可能感染了流行性出血热，并且已经出现了疑似症状，属于应当立即采取应急控制措施的情形。对此，老马立即上报并对乘运人员采取临时隔离、消毒等措施的行为是正确的，但这远远不够。老马还需要按照上述法律规定联系相关卫生、交通部门，并采取相应的应急处理措施。同时，公司在收到老马的报告后，应当立即将情况报告给 B 市交通部门和卫生部门。交通部门和卫生部门在接收到有关报告后，应当立即组织工作人员前往 B 市第一服务站了解情况，对老马驾驶的交通工具及其乘运人员、行李等物品实施交通卫生检疫。

12. 对拒绝交通卫生检疫的人或交通工具，工作人员可以怎么办？

案情回放

2018 年初春，M 县因暴发重大传染病被确定为疫区，紧邻该县的 F 县也采取了交通应急措施，对出入该地的车辆和人员进行严格的交通卫生检疫。小陈和同事小张负责F县CC街道的交通卫生检疫工作。检疫开始的第一天，小陈和同事就遇到了难题：许多村民没有把这次疫情放在心上，觉得自己与疫区还有一定距离，应该没事，所以就不是很配合卫生检疫工作。甚至还有一些村民原本就是最近从M县走亲访友或务工回来的，更是不愿意接受检疫。小陈和同事觉得很难办，不知道该如何开展工作。那么，对于拒绝接受交通卫生检疫的人员或交通工具，工作人员可以怎么办呢？

案例评析

疫情管控，预防是重中之重。为了有效防治疫情，所有单位和个人都应该配合有关部门依法采取相关的检疫检查措施。我国《突发公共卫生事件交通应急规定》第二十八条规定："对拒绝交通卫生检疫可能传播检疫传染病的车船、港站和其他停靠场所、乘运人员、运输货物，县级以上地方人民政府交通行政主管部门协助卫生行政主管部门，依法采取强制消毒或者其他必要的交通卫生检疫措施。"该规定第四十五条还明确确定了拒绝接受检疫的行政责任，即"检疫传染病病人、疑似检疫传染病病人以及与其密切接触者隐瞒真实情况、逃避交通卫生检疫的，由县级以上地方人民政府卫生行政主管部门责令限期改正，给予警告，可以并处1000元以下的罚款；拒绝接受交通卫生检疫和必要的卫生处理的，给予警告，并处1000元以上5000元以下的罚款"。

由此可见，面对疫情，单位和个人都应当对防疫工作人员的例行检疫检查予以配合。对于拒绝接受交通卫生检疫的单位或个人，工作人员除耐心劝说、引导其配合工作外，还可以依法采取强制消毒等交通卫生检疫措施。如果检疫传染病病人、疑似传染病病人与密切接触者隐瞒情况，逃避交通卫生检疫的，县级以上地方人民政府卫生行政主管部门应当依法给予警告并责令其限期改正，依法接受交通卫生检疫，也可以同时科以1000元以下的罚款处罚；如果其拒绝接受交通卫生检疫和必要的卫生处理的，除警告外，还应科以1000元以上5000元以下的罚款。

上述案例中，村民不重视疫情、不配合交通卫生检疫工作的行为是错误的。尤其是最近经停M县的村民，更应该将传染病的检疫事项放在心上，以确保万无一失。对于他们不配合交通卫生检疫工作的行为，小陈和同事应当耐心解释说明这次疫情的严重性和危害性，让过往村民自觉接受检疫。如果他们仍然拒绝接受检疫的，小陈和同事可以依法采取强制消毒等措施，也可以依法定程序对拒绝接受检疫的村民作出行政处罚的决定。

13. 疫情防疫期间，有些村挖路断交的做法，违法吗？

案情回放

小张在C市交通部门工作了几年，最近遇见一件让人哭笑不得的事情。不久前，B市出现重大传染病，专家称存在人传人风险，政府部门依法采取了“封城”的措施，一时之间，B市人人自危，都恨不得闭门不出。当时恰逢中秋佳节，不少在B市工作的人都打算回到家乡和亲人团聚。为了防止疫情扩散，C市政府呼吁民众不要走亲访友，建议从B市回来的民众居家隔离观察。居民们都很配合，但过了两天，有人打电话举报称，他们村的路被人为弄断了，外面的车进不来，里面的车也出不去。小张等人到现场了解后才知道，原来是当地村委会觉得这样可以有效阻止人群聚集，降低传染病传播风险，特地找挖掘机挖断了公路。那么，当地村委会的做法正确吗？疫情期间，任意挖路中断交通合法吗？

案例评析

当地村委会的行为不正确，公路是受国家保护的，任何单位和个人不得破坏公路。的确，重大传染病防治期间，依法实施交通应急管制、卫生检疫等是非常有必要的。必要时，有关部门也可以依法中断交通，但万万不可任性而为。《突发公共卫生事件交通应急规定》第三十一条第二款明确规定：

“除因阻断检疫传染病传播途径需要或者其他法定事由并依照法定程序可以中断交通外，任何单位和个人不得以任何方式中断交通。”根据前述规定可知，出于防治传染病的需要，有关部门可以依法采取中断交通的措施，如限制通行、禁止通行等，也就是所谓的“封路”。但同时我们也应当注意的是，中断交通的决定必须经法定程序作出。例如，由县级以上人民政府制订方案、报上级人民政府决定等。未经法定程序的，任何人不得采取任何方式中断交通，更不可以人为破坏公路等交通设施。

上述案例中，C市某村村委会希望通过挖断公路、中断交通来阻断传染病扩散的心情是可以理解的，但其行为欠缺合理性与合法性，不值得提倡。对于其损坏公路的行为，我国《公路法》第八十五条第一款明确规定了相应的法律责任，即“违反本法有关规定，对公路造成损害的，应当依法承担民事责任。”具体而言，小张等人应要求村委会立即采取措施，使被损坏的公路恢复到原有状态，也即要求其承担“恢复原状”的民事责任。如果其行为造成其他严重后果的，该村村委会还需要承担行政责任或刑事责任。

14. 重大传染病防治期间，工作人员实施交通卫生检疫时，必须携带证件、佩戴标志吗？

案情回放

2020年年初，新冠肺炎在我国境内暴发，武汉封城，各地纷纷启动重大突发公共卫生事件一级响应，依法在行政区域内采取各种疫情防控措施，其中之一就是实行交通卫生检疫。小王在C市交管部门工作，被单位安排到某路口开展检疫工作。一天，由于家中小孩突然生病，小王将孩子送到医院后才匆匆回家换了工装，虽然赶上了上班时间，但他忘了携带证件，徽标也落在了家中。上级老黄看见小王的着装之后，批评了两句，得知小王连工作证都忘了带，更是严厉地批评了小王，并让他回家取。小王却不以为然，觉得就这一天不佩戴徽标、不带证件也可以。小王的想法正确吗？重大传染病防治期间，工作人员实施交通卫生检疫时，必须携带证件、佩戴标志吗？

案例评析

小王的想法是错误的，实施交通卫生检疫时，工作人员必须携带证件、佩戴标志，国家对此是有明确的法律规定的。我国《突发公共卫生事件交通应急规定》第四十条明确规定："县级以上地方人民政府交通行政主管部门的工作人员依法协助或者实施交通卫生检疫，应当携带证件，佩戴标志，热情服务，秉公执法，任何单位和个人应当予以配合，不得阻挠。"据此可知，在疫情防控期间，交通行政主管部门的工作人员在依法协助开展或自行开展交通卫生检疫工作时，都必须携带证件，佩戴标志，严格公正执法，耐心热情地开展工作，为人民群众服务。案例中小王的想法显然是错误的，证件和标志是工作人员工作的凭证，是他们面对人民群众时的基本名片，执行公务时，必须主动出示证件，才能获得人民群众的信任和支持，才能更好地推进工作。

15. 因疫情发生，提前购买的机票可以免费退票吗？

案情回放

李先生是A市人，为了庆祝女儿考上心仪的大学，李先生决定带一家人去G国旅游。出行前一周，G国发现一种新型传染病病毒，且已有上百人因此死亡，感染者可能上万人，国内有关部门发布公告提醒中国公民近期不要前往G国。3日后，G国也发布公告宣布该国进入紧急状态，即日起禁止非该国公民入境。李先生看到此消息之后，联系航空公司退票，对方表示可以退票，但需要李先生承担手续费。李先生却觉得退票是因为发生了不可抗力，航空公司应该为旅客提供免费退票。请问，因发生疫情需要退订之前购买的机票的，可以免费退吗？

案例评析

所谓不可抗力，是指合同订立后出现了当事人无法预见、无法避免且无法克服的客观现实情况。不可抗力导致合同目的不能实现，是当事人单方解除合同的法定原因之一。对于因此解除合同的法律后果，我国《合同法》第一百一十七条明确规定："因不可抗力不能履行合同的，根据不可抗力的影响，部分或者全部免除责任，但法律另有规定的除外。当事人迟延履行后发生不可抗力的，不能免除责任。本法所称不可抗力，是指不能预见、不能避免并不能克服的客观情况。"

由此可见，除非法律另有规定，因发生不可抗力而违约解除合同的，当事人一般不必承担责任，因为违约方对不可抗力的发生并没有过错。上面的案例中，李先生一家人在航空公司购买机票，双方成立旅客运输合同关系。合同订立之后，G国突然暴发疫情、非该国公民无法入境，这是李先生与航空公司在订立合同时无法预见，也无法避免、无法克服的，故其属于不可抗力的范畴，李先生一家人因此不得不解除旅客运输合同。也就是说，李先生一家人作为合同的当事人对解除该合同并无过错，按照我国《合同法》第一百一十七条的规定，李先生一家人在解除合同时，可以免责，可以要求航空公司免费退票。

16. 签订旅游合同后，因疫情无法出游的，旅游者可以要求解除合同吗？

案情回放

家住湖北省武汉市的萌萌，计划和父母去海南旅游。2019年11月，他们经人介绍报了一个旅行团，确定行程之后，与旅行社签订了一份旅游合同，合同履行时间为2020年2月22日至2月29日。天有不测风云，2020年1月，新冠肺炎在武汉暴发，2020年1月23日，武汉封城，萌萌一方面担忧着自己和家人的健康，积极做好自我防护，积极配合各种检疫工作；另一方面她还挂念着自己之前与旅行社签订的合同，旅游肯定是不能去了，但这个旅游合同可不可以解除呢？请问，签订旅游合同后，因疫情无法出游的，旅游者可以要求解除合同吗？如果解除，旅游者是否需要承担违约责任？

案例评析

疫情导致已经签订的旅游合同无法履行的，旅游者有权主张解除合同。《旅游法》第六十七条规定："因不可抗力或者旅行社、履行辅助人已尽合理注意义务仍不能避免的事件，影响旅游行程的，按照下列情形处理：（一）合同不能继续履行的，旅行社和旅游者均可以解除合同。合同不能完全履行的，旅行社经向旅游者作出说明，可以在合理范围内变更合同；旅游者不同意变更的，可以解除合同。（二）合同解除的，组团社应当在扣除已向地接社或者履行辅助人支付且不可退还的费用后，将余款退还旅游者；合同变更的，因此增加的费用由旅游者承担，减少的费用退还旅游者……"《最高人民法院关于审理旅游纠纷案件适用法律若干问题的规定》第十三条第一款进一步规定："因不可抗力等不可归责于旅游经营者、旅游辅助服务者的客观原因导致旅游合同无法履行，旅游经营者、旅游者请求解除旅游合同的，人民法院应予支持。旅游经营者、旅游者请求对方承担违约责任的，人民法院不予支持。旅游者请求旅游经营者退还尚未实际发生的费用的，人民法院应予支持。"

从上面法律和司法解释的规定可以看出，旅游者可以遭遇不可抗力影响旅游行程为由主张解除旅游合同，由于解除原因是不可归责于合同当事人的不可抗力，故合同双方无须对对方承担违约责任，旅游者可以请求旅行社退还尚未实际发生的费用，旅行社也应在扣除其已经向地接社或者履行辅助人等支付的无法退还的费用之后，将余下的款项退还给旅游者。本案中，疫情的发生是萌萌和旅行社都无法预见、无法避免也不能克服的，属于不可抗力。由于本案中的旅游合同目的的无法实现是不可抗力导致的，故萌萌有权向旅行社提出解除合同，要求旅行社将其已经支付且尚未实际发生的费用退还给她，而不必承担支付违约金等任何违约责任。

17. 在发生重大疫情时，对于国家采取的限制措施，旅游者应该怎么办？

案情回放

2018年7月，阿林大学毕业，他和同学计划去Z市来一次毕业旅游。为了方便，二人还报了个旅行团。当月22日，阿林就和同学踏上了旅途。几天后，国内暴发了传染性较强、重症率较高的流感，包含Z市在内的多地都启动了重大突发公共卫生事件二级响应，Z市的旅游景点要么关闭，要么严格控制人流量，大大降低了游客旅游体验。有同行者对此表示抗拒，认为Z市只发现1例确诊病例，没有必要大张旗鼓地限制旅游景点营业；有的游客为了“不白来”，偷偷进入已关闭的景区“打卡”；阿林和同学则积极配合有关部门的工作，遵照规定游玩。请问，哪种行为是正确的？在发生重大疫情时，对于国家采取的限制措施，旅游者应该怎么办？

案例评析

阿林和同学的行为是正确的，发生重大疫情时，旅游者应当配合国家采取的各类限制措施，如暂停旅游活动或按照要求游览、参观景点等。旅游景点游客众多，流动频繁，是病毒最“喜欢”的地方之一，一旦病毒潜藏其中，游客在集散之间很容易感染上病毒。

我国《旅游法》第十五条第二款和第三款规定：“旅游者对国家应对重大突发事件暂时限制旅游活动的措施以及有关部门、机构或者旅游经营者采取的安全防范和应急处置措施，应当予以配合。旅游者违反安全警示规定，或者对国家应对重大突发事件暂时限制旅游活动的措施、安全防范和应急处置措施不予配合的，依法承担相应责任。”

由此可见，发生重大疫情之后，旅游者应当配合国家采取的暂时限制旅游活动的措施，以及有关部门或旅行社采取的防范和应急处置措施，否则将面临着行政责任或刑事责任。本案中，由于疫情暴发，Z市对当地的旅游景点采取了关停或限制流量的措施。这是为了防控传染病，以免疫情危害公共卫生安全，游客应积极配合，做好防护、接受检疫，遵守特殊时期的游览规则，切忌为一己私利违反有关规定，将自己和同行者置于危险境地。同时，为了防止旅客任意而为，旅行社等旅游经营者应当做好宣传引导工作，制止游客违规游玩；旅游景点及当地政府部门应当做好政策解读、卫生检疫等工作，将疫情防控落到实处。

18. 突发事件发生后，仍滞留外地或国外的旅游者怎么办?

案情回放

小单在旅行社工作。2019年11月，小单带团出国游。11月中旬，旅行团到达A国，在当地游玩3天之后，A国政府机构发布消息称当地发现一种新型病毒导致的急性呼吸道传染病，目前已有上百例病例，由于尚未发现有效治疗方法，已有20余人因该病死亡，目前，该病正在A国进一步传播。鉴于当前A国疫情严重，且该国医疗水平落后，决定暂时关闭出入境通道。小单及其所带的旅行团因此滞留A国，请问，他们应该怎么办?

案例评析

我国《旅游法》第六十七条明确规定：“因不可抗力或者旅行社、履行辅助人已尽合理注意义务仍不能避免的事件，影响旅游行程的，按照下列情形处理：……（四）造成旅游者滞留的，旅行社应当采取相应的安置措施。因此增加的食宿费用，由旅游者承担；增加的返程费用，由旅行社与旅游者分担。”根据该规定可知，对于突发事件导致游客滞留在外的，旅行社应当积极采取措施妥善安置游客，如安排住宿、饮食，配置基本防护措施等。但是，由此增加的食宿费用由游客自行承担，增加的返程费用则由旅行社与游客分摊。

上面的案例中，小单带的旅行团因传染病暴发滞留国外，小单应当联系旅行社，积极采取相应的安置措施妥善安置游客，尤其要安排好住宿和餐饮，并向游客说明费用承担的情况，以免发生法律纠纷。同时，小单还应当积极宣传防疫知识，引导游客做好个人防护和返程事宜。

四 网络管理

19. 突发公共卫生事件中，在网上发布自己编造的虚假信息，可能要承担什么法律责任？

案情回放

小奇今年21岁，在湖北上大学。2020年1月17日，他从武汉回到户籍地四川。随着越来越多的人感染新型冠状病毒，各省市都启动了一级响应，小奇所在的社区上门要求他居家隔离14天。随着时间流逝，小奇感到越发无聊，遂和同学打赌，称自己随便发条信息就可以获得千人以上关注。之后，小奇在自己的微博和微信公众号编造了一个故事，说有人托梦给他，让他告诉大家，每日辰时用苦瓜水煮鸡蛋可以有效治疗新型冠状肺炎。后该文章被多次转发。请问，小奇的行为合法吗？他可能要承担什么法律责任？

案例评析

小奇的行为不合法。小奇的行为属于散布虚假信息，俗称就是“造谣”，也就是发布者通过自己的想象，编造事实并传播的行为。造谣扰乱视听，容易扰乱社会秩序。我国《治安管理处罚法》第二十五条规定：“有下列行为之一的，处五日以上十日以下拘留，可以并处五百元以下罚款；情节较轻的，处五日以下拘留或者五百元以下罚款：（一）散布谣言，谎报险情、疫情、警情或者以其他方法故意扰乱公共秩序的；（二）投放虚假的爆炸性、毒害性、放射性、腐蚀性物质或者传染病病原体等危险物质扰乱公共秩序的；（三）扬言实施放火、爆炸、投放危险物质扰乱公共秩序的。”由此可知，散布谣言，发布有关疫情的虚假信息属于违法行为。

同时，《关于依法惩治妨害新型冠状病毒感染肺炎疫情防控违法犯罪的意见》指出：“编造虚假的疫情信息，在信息网络或者其他媒体上传播，或者明知是虚假疫情信息，故意在信息网络或者其他媒体上传播，严重扰乱社会秩序的，依照刑法第二百九十一条之一第二款的规定，以编造、故意传播虚假信息罪定罪处罚。编造虚假信息，或者明知是编造的虚假信息，在信息网络上散布，或者组织、指使人员在信息网络上散布，起哄闹事，造成公共秩序严重混乱的，依照刑法第二百九十三条第一款第四项的规定，以寻衅滋事罪定罪处罚。利用新型冠状病毒感染肺炎疫情，制造、传播谣言，煽动分裂国家、破坏国家统一，或者煽动颠覆国家政权、推翻社会主义制度的，依照刑法第一百零三条第二款、第一百零五条第二款的规定，以煽动分裂国家罪或者煽动颠覆国家政权罪定罪处罚。”根据该意见的规定，编造虚假的信息在网络上散布导致公共秩序严重混乱的，还可能构成犯罪。

总而言之，造谣者发布虚假信息后，将面临着罚款或拘留等行政处罚，甚至是刑事处罚。案例中，小奇编造虚假的治疗新型冠状肺炎的信息，引得多人转发，造成了不良影响，可能需要承担罚款、拘留等行政责任。

20. 在疫情期间，利用网站骗取捐款的，应承担何种责任？

案情回放

新冠肺炎疫情期间，上海的王某见网友捐款捐物的情绪非常热忱，便动了歪心思，产生了利用疫情骗取善款的想法。他花了一天的时间在网上搜索各地慈善总会和各医院发布在网上的筹集善款、防疫物资等信息，经梳理后发现，湖北省 ×× 市慈善总会没有官方网站，也没有官方微博、微信公众号，便自己设立了一个虚假的网站、微信公众号，并命名为“湖北省 ×× 市慈善会”。发布了几条宣传疫情防疫的信息之后，王某便在网站和微信公众号上发布了募款信息，表示全部捐款将用于湖北省 ×× 市抗击疫情。三个小时后，王某将收到的全部钱款（五万余元）取出并注销了网站和微信公众号。请问，王某的行为触犯了哪条法律？应当承担何种法律责任？

案例评析

王某虚设网站和微信公众号，利用疫情骗取公众捐赠善款的行为触犯了我国《刑法》的高压线，涉嫌构成诈骗罪，将面临刑事处罚。所谓诈骗罪，是指行为人出于非法占有他人财物的目的，虚构事实或者故意隐瞒真相，骗取财物、数额较大的行为。《刑法》第二百六十六条规定："诈骗公私财物，数额较大的，处三年以下有期徒刑、拘役或者管制，并处或者单处罚金；数额巨大或者有其他严重情节的，处三年以上十年以下有期徒刑，并处罚金；数额特别巨大或者有其他特别严重情节的，处十年以上有期徒刑或者无期徒刑，并处罚金或者没收财产。本法另有规定的，依照规定。"

上面的案例中，王某设立虚假网站、微信公众号，冒用"湖北 ×× 市慈善会"的名义，发布虚假筹款信息，使网友们陷入错误认识而捐赠了善款，该行为已经构成诈骗。不同地区对诈骗罪的立案追诉标准不同，根据上海市高级人民法院、上海市人民检察院、上海市公安局、上海市司法局《关于本市认定诈骗犯罪案件具体数额标准的意见》的规定，个人诈骗公私财物的数额在 5 万元以上的，属于数额巨大。据此可知，王某利用疫情骗取善款 5 万余元的行为已经达到了刑事立案的标准，将被依法追诉，王某面临着三年以上十年以下的有期徒刑并处罚金的刑事责任。

疫情期间，社会公众对网络的依赖程度较高，这就要求我们特别注意防范利用网络诈骗的犯罪行为，不能让不法分子消磨了网友的善心。一方面，网友们应当注意甄别、核实信息，切忌盲目捐款捐物，以防被不法分子利用；另一方面，有关部门也应当加强监管和宣传，及时在官方网站、微博、微信、客户端等平台发布有关信息、及时辟谣，坚决打击利用疫情进行网络、电信诈骗的违法犯罪行为。

21. 疫情发生期间，利用网络推销“防疫药品”的，需要承担什么责任？

案情回放

2020年年初，全国人民都被突如其来的疫情弄得慌了手脚，一时之间，防护物资、防疫药品出高价亦难求。小杰和朋友见其中有利可图，便在网上购买了药品包装盒，制作了药品说明书等材料，然后将维生素C装进药盒中，伪装成防疫药品售卖。由于没有正规销售渠道，小杰和朋友便在朋友圈和QQ空间推销其制造的“防疫药品”。为了增加可信度，小杰和朋友称自己在医药公司工作，所推销的药品是公司发放给员工的福利，因自己用不完，便好意售出、分享给大家。小杰和朋友因此获利上万元。那么，小杰和朋友的行为是否违法，是否需要承担法律责任？

案例评析

小杰和朋友的行为涉嫌生产、销售假药罪。在我国，药品的生产、销售有一套非常严格的管理制度，任何个人和单位都不得制造、配制、销售假药、劣药，否则应承担法律责任。我国《刑法》第一百四十一条第一款规定：“生产、销售假药的，处三年以下有期徒刑或者拘役，并处罚金；对人体健康造成严重危害或者有其他严重情节的，处三年以上十年以下有期徒刑，并处罚金；致人死亡或者有其他特别严重情节的，处十年以上有期徒刑、无期徒刑或者死刑，并处罚金或者没收财产。”《最高人民法院、最高人民检察院关于办理妨害预防、控制突发传染病疫情等灾害的刑事案件具体应用法律若干问题的解释》第二条也规定：“在预防、控制突发传染病疫情等灾害期间，生产、销售伪劣的防治、防护产品、物资，或者生产、销售用于防治传染病的假药、劣药，构成犯罪的，分别依照刑法第一百四十条、第一百四十一条、第一百四十二条的规定，以生产、销售伪劣产品罪，生产、销售假药罪或者生产、销售劣药罪定罪，依法从重处罚。”此处的假药具体主要有以下几种：

第一，药品所含成分与国家药品标准规定的成分不符的；第二，用非药品冒充药品，或以他种药品冒充此种药品的；第三，变质的药品；第四，药品所明确的适应症或功能主治超过规定范围的。

案例中，小杰和朋友用维生素C冒充防疫药品，属于以非药品冒充药品的情形，该“防疫药品”是假药。小杰和朋友在微信、QQ空间等网络平台推销、销售假药的行为，违反了我国药品管理相关规定，涉嫌构成生产、销售假药罪。由于维生素C对人体并无损害，没有造成严重危害后果，小杰和朋友可能面临着三年以下有期徒刑或者拘役和罚金的刑事处罚。

疫情期间，人人自危，公众对防疫药品和防疫物资的渴求心理非常强烈，不少人看见防疫药品就买，这就给了犯罪分子可趁之机。对此，有关部门要加强监管，及时发现并处置生产、销售假药、劣药的行为。同时，也可以有效利用网络和大数据，开通网络、电话等多种途径的举报平台，号召民众一起参与到监督工作中来，提高工作效率。

22. 疫情期间，社交平台对网友发布的谣言处置不力的，需要承担法律责任吗？

案情回放

AA网是国内最近兴起的社交平台。2020年新冠肺炎疫情期间，毛某等人在AA网发布了多起关于新冠肺炎疫情的谣言，夸大疫情范围和严重程度，被多次转发，网站点击量激增。部分网友看到毛某等人发布的信息后，发现其描述与事实严重不符，遂直接选择了举报。但是，网友的举报并没有起到任何效果，毛某等人发布的谣言仍在AA网传播。后有关部门对相应消息进行了辟谣，并要求毛某等人删除不实言论。毛某等人未予以删除，AA网也没有采取任何措施，任由网络谣言传播。请问，AA网的不作为是否合法？需要承担法律责任吗？

案例评析

AA 网的行为违反了信息网络安全管理义务，是违法的，当事人可能面临着行政处罚或刑事处罚。为了营造良好的网络环境，法律科以网络运营者网络安全管理义务，我国《网络安全法》第四十七条规定："网络运营者应当加强对其用户发布的信息的管理，发现法律、行政法规禁止发布或者传输的信息的，应当立即停止传输该信息，采取消除等处置措施，防止信息扩散，保存有关记录，并向有关主管部门报告。"《网络信息内容生态治理规定》也要求网络运营者健全网络谣言信息处理制度，切实阻断谣言传播，以免出现"造谣一张嘴、辟谣跑断腿"的不良现象。换言之，社交平台、网站等网络信息内容服务平台应当加强筛查和监管，及时处置虚假信息，否则应当依法承担法律责任。

《网络安全法》第六十八条第一款规定："网络运营者违反本法第四十七条规定，对法律、行政法规禁止发布或者传输的信息未停止传输、采取消除等处置措施、保存有关记录的，由有关主管部门责令改正，给予警告，没收违法所得；拒不改正或者情节严重的，处十万元以上五十万元以下罚款，并可以责令暂停相关业务、停业整顿、关闭网站、吊销相关业务许可证或者吊销营业执照，对直接负责的主管人员和其他直接责任人员处一万元以上十万元以下罚款。"这是法律关于网络服务者违反前述义务需要承担的行政责任。若网络运营者不履行信息网络安全管理义务，经监管部门责令采取改正措施而拒不改正，情节严重的，则涉嫌构成拒不履行信息网络安全管理义务罪，将面临刑事处罚。案例中，AA 网作为提供网络服务的网络平台，应当依法及时处置毛某等人发布的虚假信息，其不作为的行为违反了信息网络安全管理义务，致使谣言大肆传播，进而引发不良的社会影响，轻则面临行政处罚，如警告、罚款、暂停相关业务、停业整顿、关闭网站或吊销有关业务许可证等，重则需要承担刑事责任。

当今社会，科学技术发展迅速，社交平台市场广阔、用户众多，这既是健康信息的交流地，也给虚假信息的传播带来了便利。疫情期间，人人心系疫区人民的身心健康安全和财产安全，有关疫情的信息受到众多网友的关注，为了有效阻止谣言传播，网络平台应当提升自身审查力度，通过技术、人工等多种手段筛查谣言，及时处置，以免造成严重后果。有关部门也可以协同网络平台，共同打击散布谣言等违法行为。

23. 利用疫情在网上散播谣言，煽动颠覆国家政权、推翻社会主义制度的，涉嫌构成何种犯罪？

案情回放

2020 年年初，新型冠状病毒突袭我国。刚刚从国外旅游回来的黄某觉得自己的感冒症状和新冠肺炎的症状非常相似，都具有咳嗽、发热等症状。担心自己被感染，黄某在家观察 2 日后到定点医院做检查。由于疫情严重，定点医院处处都是排队等候检测的患者。黄某等待半小时后，声称自己刚从国外回来，要求优先检测，甚至以在外网发医护视频相威胁。医护人员未理会黄某的蛮横行为，仍然按照原先确定的顺序接诊。黄某气不过，遂在国内微博、微信、知乎以及推特等网络平台发布虚假信息，诋毁医护人员和国内政府机构，煽动网友颠覆国家政权、推翻社会主义制度。那么，黄某的行为涉嫌构成何种犯罪？

案例评析

黄某利用新冠肺炎疫情，编造谣言在网络上散播，煽动颠覆国家政权、推翻社会主义制度的行为涉嫌构成煽动颠覆国家政权罪。对于黄某的行为，《最高人民法院、最高人民检察院关于办理妨害预防、控制突发传染病疫情等灾害的刑事案件具体应用法律若干问题的解释》第十条第二款特别作了明确，即“利用突发传染病疫情等灾害，制造、传播谣言，煽动分裂国家、破坏国家统一，或者煽动颠覆国家政权、推翻社会主义制度的，依照刑法第一百零三条第二款、第一百零五条第二款的规定，以煽动分裂国家罪或者煽动颠覆国家政权罪定罪处罚。”据此可知，行为人利用传染病疫情编造谣言，煽动分裂国家或颠覆国家政权、推翻社会主义制度的，涉嫌构成煽动分裂国家罪或煽动颠覆国家政权罪。

所谓煽动颠覆国家政权罪，是指行为人通过造谣、诽谤等方式煽动颠覆国家政权、推翻社会主义制度的行为。我国《刑法》第一百零五条第二款规定：“以造谣、诽谤或者其他方式煽动颠覆国家政权、推翻社会主义制度的，处五年以下有期徒刑、拘役、管制或者剥夺政治权利；首要分子或者罪行重大的，处五年以上有期徒刑。”需要注意的是，只要行为人具有通过造谣、诽谤等手段煽动颠覆国家政权、推翻社会主义制度的行为的，都会构成犯罪，其是否具体实施有关的颠覆行动则在所不问。

上面的案例中，黄某因未在医院得到优待，就在网络上散播谣言，并且煽动民众颠覆国家政权、推翻社会主义制度的行为严重触犯了法律规定，涉嫌构成煽动颠覆国家政权罪，将被依法追究刑事责任。煽动颠覆国家政权、推翻社会主义制度的行为侵犯了我国人民民主专政的政权和社会主义制度，对此我们必须零容忍、严厉打击。

五 其他相关问题

24. 疫情期间，企业如何申领进出口许可证？

案情回放

某公司是某市一家专门生产电器的企业。2020 年 2 月，因新冠肺炎暴发，为了解决国家对口罩的急需情况，该企业准备将工厂的几条生产线改为生产口罩。2020 年 3 月，在保证国内生产需要的情况下，该企业接到了国外的几批订单，该企业准备向国外出口一部分口罩。但是，该企业并没有进出口口罩的许可证。为此，该企业准备向相关部门申请进出口许可证。企业负责人考虑到现在情况的特殊性，觉得可能无法正常办理手续。请问，疫情期间，企业要如何申领进出口许可证？

案例评析

一般情况下，企业申领进出口许可证需要由申领单位向发证机关提出书面申请，同时，还须向发证机关提交有关证件，如合同正本或者复印件等。但是，在疫情发生期间，鉴于特殊情况，相关部门对于进出口许可证的申领会采取特殊的方法。在此次新冠肺炎疫情发生期间，我国商务部办公厅及时印发了《关于切实做好疫情防控期间进一步便利企业申领进出口许可证件有关工作的通知》。该通知明确规定，引导和鼓励企业无纸化申领进出口许可证件，简化进出口许可证无纸化申领所需要的材料，对于内容较多、文本较大的进出口合同，可只要求企业上传合同关键页，即涉及进出口许可证申领信息的成交双方、交易商品、数量、单价、金额、结算、运输等内容。鼓励企业通过“进出口企业电子认证证书和电子钥匙申请注册与更新系统”（http://careg.ec.com.cn），在线申领和更新电子钥匙（无论证书是否过期）。地方商务主管部门要及时做好在线审核，审核通过后第一时间发放。鼓励地方商务主管部门为企业申领和更新电子钥匙提供邮寄服务。有关单位确因疫情影响无法及时转报进出口许可证件申请或签发进出口许可证件的，可向许可证局申请代为转报、签发，许可证局将接诉即办，逐案登记，并及时反馈相关转报、签发信息。

因此，在疫情期间，国家有关部门出台了有关企业进出口许可证的办理方法，避免人员聚集的同时，保障企业的顺利运营。在上面的案例中，该企业可以通过上述方式申领进出口许可证。

25. 疫情期间，公民还可以到民政局办理相关业务吗？

案情回放

吴某与季某是夫妻，两人经常因家庭琐事发生纠纷。2020 年 2 月，两人又发生纠纷，争吵不休。后来，吴某认为两人的感情已经破裂，无法再继续生活下去，提出了离婚。但是，由于当时新冠肺炎疫情暴发，很多人都选择不出门。在吴某提出离婚之后，两人准备到民政局办理离婚手续。但是，他们并不知道在疫情期间民政局是否受理相关业务。那么请问，公民在疫情期间是否可以到民政局办理相关业务？

案例评析

在疫情发生期间，我国发布了关于民政部门办理相关业务的方式的通知。如民政部办公厅印发《关于切实做好殡葬服务、婚姻登记等服务机构新型冠状病毒感染肺炎疫情防控工作的紧急通知》中规定，要切实做好殡葬服务机构、婚姻登记场所、流浪乞讨人员救助管理机构、精神卫生福利机构等疫情防控。同时，该通知第三条规定，切实做好婚姻登记场所疫情防控。各地婚姻登记机关要建立健全突发事件应急处置机制，建立健全工作方案和工作流程，严格落实联防联控工作要求，加强安全防护，组织全员培训，做好场所消毒和工作人员体温检测，对进入登记场所的人员进行体温检测，并提醒登记申请人佩戴口罩。凡是发现有疑似症状的，应立即向有关部门报告，做到“早发现、早诊断、早报告、早治疗”。一旦出现确诊病例的，要配合当地卫生防疫部门做好密切接触者的隔离管理工作，防止疫情扩散。日常工作日提倡推行电话、网络或者微信等预约服务，积极调控登记数量，避免扎堆登记，减少人员逗留。原则上暂停婚姻家庭辅导服务和结婚颁证服务，不举办集体颁证仪式，劝导新人减少陪同人员。通过媒体、网络等引导群众错开疫情高峰期进行婚姻登记，不举办人群聚集的结婚宴席。

据此可知，在疫情期间，公民可以到民政局办理相关业务，但是，要采取预约方式进行。为了减少疫情的传播，公民如果没有特别紧急的事情，最好在疫情过后再办理相关业务，或者通过预约等方式，减少感染的概率。在本案中，吴某与季某可以到民政局办理离婚手续，但是，两人应提前向民政部门进行预约，避免人数过多，同时应做好个人防护。此外，在疫情期间，民政部门的相关工作人员也要根据要求加强防护。

26. 因疫情造成儿童缺失监护人的，应该怎么办？

案情回放

2020 年 2 月，新冠肺炎疫情在中国暴发，不少家庭因此受到影响。某市一名三年级小学生小强，其父母都被确诊为新冠肺炎患者。其父母被隔离治疗后，又因病情严重而去世。之后，小强一直与奶奶生活。没过多久，小强的奶奶因突发脑溢血死亡。于是，小强所在小区的居委会得知小强的情况之后，准备联系当地的民政部门，以解决小强现在面临的困境。那么，因疫情造成儿童缺失监护人的，应该怎么办？

案例评析

在疫情期间，有的儿童因为疫情原因，其父母被隔离治疗，或者因疫情而去世，他们将面临缺失监护人的情况。对此，我国《民法典》第三十二条规定："没有依法具有监护资格的人的，监护人由民政部门担任，也可以由具备履行监护职责条件的被监护人住所地的居民委员会、村民委员会担任。"同时，在疫情期间，我国民政部也发布了相关的通知，对于因疫情缺失监护的儿童作出了相关规定。如《民政部办公厅关于做好因新冠肺炎疫情影响造成监护缺失的儿童救助保护工作的通知》规定，对于因疫情造成监护缺失的儿童，要做到以下几个方面：

一是及时发现报告。要指导各地儿童督导员、儿童主任在乡镇（街道）、村（居）民委员会统一部署下，及时发现因新冠肺炎疫情影响造成监护缺失的儿童（包括父母或其他监护人确认感染、疑似感染或需隔离观察，父母或其他监护人因防疫抗疫工作需要以及其他因疫情影响不能完全履行抚养和监护责任的儿童），并第一时间向所在村（居）民委员会、乡镇（街道）报告相关信息，及时协调解决问题或报告反映困难。

二是分类做好临时照料。要根据因疫情影响造成监护缺失的儿童自身和家庭状况，区分不同情形，分类做好临时照料服务。对与患者有密切接触史、身体状况不明的儿童，在由指定地点进行隔离医学观察或诊断期间，要跟进了解相关情况。对确认其非感染或已过观察期而监护责任未落实或一时难以落实的儿童，当地民政部门要协调乡镇（街道）、村（居）民委员会落实临时照料、提供关爱服务，或由民政部门承担临时监护责任。

三是加强救助保障。加强对因疫情影响造成监护缺失的儿童救助保障工作，指导各地及时将其纳入救助保障范围，对于符合条件的，及时落实临时救助等社会救助政策和困境儿童保障政策，确保生活兜底到位。疫情防控期间符合事实无人抚养儿童、孤儿或其他困境儿童申请条件的，要优化简化审核审批程序，探索通过远程方式提供相关证明，也可采取个人承诺方式先行保障，其他手续可待疫情结束后补办，并做到当月审批、当月发放。

四是开通救助保护热线。各地要依托地市级未成年人救助保护机构等方式开通因疫情影响造成监护缺失的儿童救助保护热线并向社会公布，及时响应有关线索，做好临时照料咨询、转介服务、个案跟踪、资源链接等工作。地市级未成年人救助保护机构要加强与县级未成年人救助保护机构的联动，延伸服务触角，提升服务水平，切实做好救助保护工作。”

因此，在上面的案例中，小强因疫情而缺失监护人时，居委会在发现后向当地民政部门报告的做法是正确的。居委会在联系民政部门后，民政部门应当做好相应的工作，如果小强没有其他的监护人，民政部门或居委会要承担临时监护责任。

27. 发生疫情后，合同无法履行需要承担违约责任吗？

案情回放

2019 年 12 月，某服装有限公司与某房地产公司签订了一批服装买卖合同，双方在合同中约定，服装公司于 2020 年 2 月 15 日向房地产公司交付其所订购的 1000 套服装。如果任何一方违约，则要支付对方 3 万元违约金。但是，由于 2020 年 1 月底新冠肺炎疫情在全国暴发，公司延长春节放假时间，导致该公司无法按照合同约定履行交货义务。对此，服装公司担心房地产公司会要求其承担违约责任。请问，在疫情发生后，合同无法履行的，是否需要承担违约责任？

案例评析

在此次新冠肺炎疫情发生期间，很多企业延迟开工，甚至停工停产，为此，导致企业之间签订的合同无法按时履行，或者合同目的无法实现。在此种情况下，企业是否需要承担违约责任，我国相关法律作出了规定。我国《合同法》第一百零七条规定：“当事人一方不履行合同义务或者履行合同义务不符合约定的，应当承担继续履行、采取补救措施或者赔偿损失等违约责任。”第一百一十七条规定：“因不可抗力不能履行合同的，根据不可抗力的影响，部分或者全部免除责任，但法律另有规定的除外。当事人迟延履行后发生不可抗力的，不能免除责任。本法所称不可抗力，是指不能预见、不能避免并不能克服的客观情况。”第一百一十八条规定：“当事人一方因不可抗力不能履行合同的，应当及时通知对方，以减轻可能给对方造成的损失，并应当在合理期限内提供证明。”

据此可知，新冠肺炎疫情属于突发公共卫生事件，符合不可抗力发生的三个条件，即不能预见、不能避免并且不能克服。因此，在疫情发生期间，如果属不可抗力导致合同无法按时履行的，则可以免除部分或全部责任。在上面的案例中，疫情的发生导致服装公司不能按时交货，服装公司可以与房地产公司进行协商，延迟合同的履行期限。需要注意的是，疫情并不是能影响所有合同的履行，如果未影响合同的正常履行，则疫情就不能被视为不可抗力。如果双方起诉到法院，服装公司要提供证据证明疫情对合同正常履行所造成的重大影响，以征得法律的支持。

28. 饭店在疫情期间不遵守国家暂停营业的规定，继续营业的，应受到何种处罚？

案情回放

于某夫妇在某市开了一家餐厅，该餐厅生意非常好，尤其是一到春节期间，生意更是红火。2020年1月底，因新冠肺炎疫情暴发，为了避免病毒传播，加强防控，有关部门要求所有餐饮业停止营业。在收到通知后，于某觉得自己在春节前储备了大量的蔬菜，如果不开门营业，将会给自己造成很大的损失。因此，于某并未按照要求暂停营业，而是偷偷开门营业。请问，饭店在疫情期间违反国家规定继续营业的，将会受到何种处罚？

案例评析

出于防控疫情的需要，任何个人和单位都应该遵守国家的相关规定，为防控疫情履行自己应尽的义务。在此次新冠肺炎疫情期间，为了有效防控疫情的传播，我国下发一系列规定，其中包括餐饮业暂停营业的要求。如果饭店不按照国家规定暂停营业，我国《治安管理处罚法》第五十条第一款规定："有下列行为之一的，处警告或者二百元以下罚款；情节严重的，处五日以上十日以下拘留，可以并处五百元以下罚款：（一）拒不执行人民政府在紧急状态情况下依法发布的决定、命令的……"同时，我国《刑法》第三百三十条第一款、第二款规定："违反传染病防治法的规定，有下列情形之一，引起甲类传染病传播或者有传播严重危险的，处三年以下有期徒刑或者拘役；后果特别严重的，处三年以上七年以下有期徒刑：……（四）拒绝执行卫生防疫机构依照传染病防治法提出的预防、控制措施的。单位犯前款罪的，对单位判处罚金，并对其直接负责的主管人员和其他直接责任人员，依照前款的规定处罚。"

据此可知，在疫情发生期间，不遵守国家相关规定的单位，将会受到行政处罚，如果情节严重，构成犯罪的，还要承担刑事责任。在上面的案例中，于某不遵守国家的防控规定，将会被处以罚款，而且其很可能还会被行政拘留。如果构成犯罪，不但饭店会被处以罚金，于某夫妇还可能会被判处有期徒刑。

29. 用人单位能以生产经营困难为由解除与因疫情不能返岗的员工的劳动合同吗？

案情回放

2020 年年初，新冠肺炎在我国多地暴发。陈某家住湖北省某地，在广东省某工厂打工。2020 年 3 月，工厂开始复工生产，很多员工纷纷返回工作岗位，陈某由于其家乡还处于封锁状态，无法返回工作岗位，遂向工厂申请了延期返岗。不料，过了几日，陈某便收到解除劳动合同的通知。通知称：因工厂停产停工太久，无法为客户供货，多笔订单被取消，现工厂陷入严重困难境地，决定与不能按时复工的15名员工解除劳动合同，以最大程度帮助工厂渡过难关。那么，特殊时期，工厂能以生产经营困难为由解除与陈某等人的劳动合同吗？

案例评析

新冠肺炎疫情的发生，确实让很多企业陷入了困境。但是，对于是否可以使用与一些员工解除劳动合同来缓解经营困难，法律法规有明确的规定。《人力资源社会保障部办公厅关于妥善处理新型冠状病毒感染的肺炎疫情防控期间劳动关系问题的通知》第一条规定："对新型冠状病毒感染的肺炎患者、疑似病人、密切接触者在其隔离治疗期间或医学观察期间以及因政府实施隔离措施或采取其他紧急措施导致不能提供正常劳动的企业职工，企业应当支付职工在此期间的工作报酬，并不得依据劳动合同法第四十条、四十一条与职工解除劳动合同。在此期间，劳动合同到期的，分别顺延至职工医疗期期满、医学观察期期满、隔离期期满或者政府采取的紧急措施结束。"案例中，工厂以陷入生产经营困难为由解除与陈某等人的劳动合同，显然违反了前述规定，陈某等人可以与公司协商解决该问题，如协商不能，陈某等人可以依法提起劳动仲裁以维护自身合法权益。疫情考验人心，企业应当与职工共进退，共同渡过难关。

30. 疫情期间，企业可以停发员工的工资吗？

案情回放

吴某是某外贸公司的业务员，常年出差在外。2020年疫情期间，吴某的公司因防疫措施不能安排全体员工正常上班，大部分人被安排居家办工。吴某作为业务员，平时负责在外地维系和推广客户关系，如今倡导居家办公，几乎没有什么工作可做，其他几位业务员也是如此。考虑到业务员不能为公司提供正常工作，公司在发放员工2020年2月和3月的工资时，对吴某等几位业务员分文未发。吴某等人敢怒不敢言，只盼疫情快点结束，早日返岗工作。那么，公司的做法合法吗?

案例评析

《工资支付暂行规定》第十二条明确规定："非因劳动者原因造成单位停工、停产在一个工资支付周期内的，用人单位应按劳动合同规定的标准支付劳动者工资。超过一个工资支付周期的，若劳动者提供了正常劳动，则支付给劳动者的劳动报酬不得低于当地的最低工资标准；若劳动者没有提供正常劳动，应按国家有关规定办理。"《人力资源社会保障部办公厅关于妥善处理新型冠状病毒感染的肺炎疫情防控期间劳动关系问题的通知》第二条也规定，疫情导致公司生产经营发生困难、停工停产在一个工资支付周期内的，公司应当按劳动合同规定的标准支付职工工资；停工停产超过一个工资支付周期的，如果职工正常提供劳动，公司应当支付给职工的工资不得低于当地最低工资标准，如果职工没有正常提供劳动的，公司应当发放生活费。

案例中，吴某等业务员即便在2月和3月没有为公司提供正常劳动，公司也应当给他们发放生活费，而不能分文不发。吴某公司的做法是违法的。吴某等人应该向公司说明自己的想法，摆法条讲道理，依法维权。

第六章

国境卫生检疫管理

一 国境卫生检疫与监督

1. 国境卫生检疫范围和对象有哪些？

案情回放

张某是某市某机场的工作人员。2020年3月，因新冠肺炎疫情在全球范围内暴发，机场内需要对入境人员进行严格的检疫与检测。由于海关检疫处人员比较少，张某被临时安排到入关检疫处工作。但是，由于张某之前一直都没有参与过相关的入关检疫工作，其并不清楚国境卫生检疫的范围和对象。请问，国境卫生检疫的范围和对象是什么？

案例评析

关于国境卫生检疫的范围，我国《国境卫生检疫法》第四条规定："入境、出境的人员、交通工具、运输设备以及可能传播检疫传染病的行李、货物、邮包等物品，都应当接受检疫，经国境卫生检疫机关许可，方准入境或者出境。具体办法由本法实施细则规定。"同时，我国《国境卫生检疫法实施细则》第三条明确规定："卫生检疫机关在国境口岸工作的范围，是指为国境口岸服务的涉外宾馆、饭店、俱乐部，为入境、出境交通工具提供饮食、服务的单位和对入境、出境人员、交通工具、集装箱和货物实施检疫、监测、卫生监督的场所。"第四条规定："入境、出境的人员、交通工具和集装箱，以及可能传播检疫传染病的行李、货物、邮包等，均应当按照本细则的规定接受检疫，经卫生检疫机关许可，方准入境或者出境。"据此可知，国境卫生检疫的范围和对象不仅仅是入境的人员，也包括入境的交通工具、运输设备以及所携带的行李、货物、邮包等，以防止传染病的传播。

在上面的案例中，张某作为机场入境的检疫人员，其不仅要对入境的旅客进行检疫，还要对入境的其他物品进行检疫。此外，需要注意的是，国境卫生检疫的范围并非仅是入境交通工具，包括为国境口岸服务的涉外宾馆、饭店、俱乐部等公共场所。尤其是在疫情发生期间，国境检疫工作人员更要认真履行职责，以阻断病毒的传播。

2. 卫生检疫机关工作人员发现有入境人员感染传染病时，应该怎么办?

案情回放

顾某大学毕业后考入了海关部门，入职后，被分配到某地国境卫生检疫部门进行工作。在工作之前，顾某接受了该部门的岗前培训。正式入职后，顾某开始了自己的工作生涯。但是，就在他工作的第一天，在对入境人员进行检疫时，发现有一名入境旅客可能染有黄热病。那么，请问卫生检疫机关工作人员发现有入境人员感染传染病时，应该怎么办?

案例评析

我国《国境卫生检疫法》第五条规定:“国境卫生检疫机关发现检疫传染病或者疑似检疫传染病时，除采取必要措施外，必须立即通知当地卫生行政部门，同时用最快的方法报告国务院卫生行政部门，最迟不得超过二十四小时。邮电部门对疫情报告应当优先传送。中华人民共和国与外国之间的传染病疫情通报，由国务院卫生行政部门会同有关部门办理。”此外，《国境卫生检疫法实施细则》第五条规定，卫生检疫机关发现染疫人时，应当立即将其隔离，防止任何人遭受感染，并按照相关规定处理。其中，“染疫人”指正在患检疫传染病的人，或者经卫生检疫机关初步诊断，认为已经感染检疫传染病或者已经处于检疫传染病潜伏期的人。因此，卫生检疫机关工作人员发现有入境人员感染传染病时，应马上采取隔离措施，同时马上通知当地的卫生行政部门。本案中，顾某作为卫生检疫部门的工作人员，在发现有入境人员感染黄热病时，应当马上将其进行隔离，并向当地卫生行政部门报告。

3. 对于患有传染病的人，卫生检疫机关的工作人员可以阻止其出境吗？

案情回放

赵某是某大学的研究生，因学习成绩优异，在研究生期间申请到国外某大学进行学术交流。办理好相关手续后，赵某原计划在2020年2月出国。但是，因为当时新冠肺炎疫情暴发，赵某担心自己出国时会被出入境检疫机关阻止出境。到了机场之后，赵某被机场工作人员检测出有发烧、咳嗽症状，很可能是新冠肺炎的疑似病例。那么，请问对于患有疑似传染病的人，卫生检疫机关的工作人员可以阻止其出境吗？

案例评析

对于患有传染病的人，卫生检疫机关是否需要阻止其出境，要根据不同的情况决定。对此，《国境卫生检疫法实施细则》第六条规定：“卫生检疫机关应当阻止染疫人、染疫嫌疑人出境，但是对来自国外并且在到达时受就地诊验的人，本人要求出境的，可以准许出境；如果乘交通工具出境，检疫医师应当将这种情况在出境检疫证上签注，同时通知交通工具负责人采取必要的预防措施。”按照该法第二条的规定，“染疫嫌疑人”指接触过检疫传染病的感染环境，并且可能传播检疫传染病的人。

据此可知，一般情况下，卫生检疫机关的工作人员应当阻止传染病患者或者疑似病例出境。在本案中，赵某因可能患有传染病，所以，在她出境时，是会被阻止出境的。此外，需要注意的是，即便是患有传染病的人员或疑似病例，并不是所有情况下都会被禁止出境的。如果是来自国外并且在到达时受就地诊验的人，其本人要求出境的，卫生检疫机关的工作人员是可以允许其出境的。

4. 在国际通航的轮船上发现死因不明的尸体的，工作人员应该怎么办？

案情回放

张某是某国际通航口岸的一名卫生检疫人员。2019 年 6 月，由某国到达我国某港口的一艘邮轮上发现一名旅客死亡，但是，该旅客死因不明。该邮轮靠岸之后，某国的邮轮准备将尸体移运。为此，张某阻止该邮轮上的人员将尸体移送到中国境内，并告诉相关人员称，必须办理相关手续之后才能将尸体移运。但是，某国邮轮上的工作人员称张某的说法是错误的。那么，请问张某的说法是否正确？在国际通航的轮船上发现死因不明的尸体的，工作人员应该如何处理？

案例评析

我国《国境卫生检疫法实施细则》第七条规定：“在国境口岸以及停留在该场所的入境、出境交通工具上，所有非因意外伤害而死亡并死因不明的尸体，必须经卫生检疫机关查验，并签发尸体移运许可证后，方准移运。”同时，根据该细则第二条的规定，“国境口岸”指国际通航的港口、机场、车站、陆地边境和国界江河的关口。第二十四条规定：“受入境检疫的船舶，在航行中，发现检疫传染病、疑似检疫传染病，或者有人非因意外伤害而死亡并死因不明的，船长必须立即向实施检疫港口的卫生检疫机关报告下列事项：（一）船名、国籍、预定到达检疫锚地的日期和时间；（二）发航港、最后寄港；（三）船员和旅客人数；（四）货物种类；（五）病名或者主要症状、患病人数、死亡人数；（六）船上有无船医。”

此外，《国境口岸卫生监督办法》第二十一条也规定：“国境口岸卫生检疫机关……对国境口岸和交通工具进行卫生监督，其主要职责是：……（三）对国境口岸和交通工具上的所有非因意外伤害致死的尸体，实施检查、监督和卫生处理……”对于未经卫生检疫机关实施卫生处理的行为，根据《国境卫生检疫法实施细则》第一百零九条和第一百一十条规定，未经卫生检疫机关实施卫生处理，擅自移运尸体、骸骨的，处以1000元以上1万元以下的罚款。

由此可知，对于在中国国境口岸发现的非因意外伤害而死亡且死因不明的尸体，必须经医学检查和卫生检查。移运方在取得尸体移运许可证之后，才能被允许进行尸体移运。否则，其可能被处以罚款。在本案中，张某作为港口卫生检疫人员，在发现某国际邮轮上有非因意外伤害死亡且死因不明的尸体时，在邮轮工作人员没有取得相关许可证的情况下，张某阻止其转运的行为是正确的。如果该邮轮上的人员要移运尸体，应该先由卫生检疫机关进行查验，在取得尸体移运许可证之后，才能移运。

5. 在国内航行中发现传染病疑似病例的，应该怎么办?

案情回放

杜某是某国内航班的机长。2020年2月23日，该航班在由某市飞往北京的途中，乘务员发现一名旅客有发热症状。由于此时新冠肺炎疫情在中国境内暴发，因此，该名旅客被认为是新冠肺炎疑似病例。得知此情况后，飞机上的很多旅客都非常恐慌。为了避免该旅客将病毒传染给更多的人，杜某准备暂时将该旅客隔离，待飞机降落后再采取相应的措施。那么，在国内航班中发现传染病疑似病例的，应该怎么办?

案例评析

关于在国内航行中发现传染病疑似病例的，根据我国《国境卫生检疫法实施细则》第八条规定:“来自国内疫区的交通工具，或者在国内航行中发现检疫传染病、疑似检疫传染病，或者有人非因意外伤害而死亡并死因不明的，交通工具负责人应当向到达的国境口岸卫生检疫机关报告，接受临时检疫。”第三十七条规定:“实施卫生检疫机场的航空站，应当在受入境检疫的航空器到达以前，尽早向卫生检疫机关通知下列事项:(一)航空器的国籍、机型、号码、识别标志、预定到达时间;(二)出发站、经停站;(三)机组和旅客人数。”

因此，如果在国内航行中发现传染病疑似病例的，飞机的负责人应当立即向到达口岸的卫生检疫机关进行报告，以接受临时检疫，避免将传染病传染给更多的人。在上面的案例中，杜某作为某航班的机长，在发现飞机上有传染病疑似病例时，应该马上向北京的卫生检疫机关报告相关情况，接受临时检疫。

6. 在疫情暴发时，卫生行政部门可以采取哪些检疫措施?

案情回放

2020年年初，新冠肺炎疫情在中国境内暴发。疫情暴发之后，有关部门迅速采取了相关的防控措施，避免人群聚集，减少病毒传播途径。由于政府部门防控有力，2020年3月，中国境内的疫情得到了有效的控制。此时，新冠肺炎疫情在国外暴发，为了避免入境人员再次传播病毒，造成国内疫情再次出现高峰，卫生行政部门为国际航班制定了第一入境点，并且要求相关人员接受检验。请问，在疫情暴发时，卫生行政部门除可以指定第一入境点外，还可以采取哪些检疫措施?

案例评析

我国《国境卫生检疫法》第六条规定:“在国外或者国内有检疫传染病大流行的时候，国务院可以下令封锁有关的国境或者采取其他紧急措施。”《国境卫生检疫法实施细则》第九条规定：“在国内或者国外检疫传染病大流行的时候，国务院卫生行政部门应当立即报请国务院决定采取下列检疫措施的一部或者全部：（一）下令封锁陆地边境、国界江河的有关区域；（二）指定某些物品必须经过消毒、除虫，方准由国外运进或者由国内运出；（三）禁止某些物品由国外运进或者由国内运出；（四）指定第一入境港口、降落机场。对来自国外疫区的船舶、航空器，除因遇险或者其他特殊原因外，没有经第一入境港口、机场检疫的，不准进入其他港口和机场。”由此可知，在疫情暴发时，国务院行政部门可以采取上面四种检疫措施。在本案中，国务院卫生部门除了可以为降落的国际航班指定第一入境点外，其还可以下令封锁陆地边境、江河边界的有关区域，指定某些物品必须消毒，甚至禁止某些物品的运进或运出。

7. 对于来自疫区的货物，应如何处理？

案情回放

赵某是某公司的总经理。2019 年 4 月，该公司从某国进口了一批原材料，由于是海运，时间比较长。结果该货物出口之前，某种传染病在该国暴发，赵某担心货物在到达我国境内后会被海关阻拦。于是，赵某便四处咨询对于来自疫区的货物在到达口岸时，应如何处理。经过朋友的介绍，赵某找到了一位在海关工作的人员吴某。吴某告诉赵某，对于来自疫区的货物，需要他们向卫生检疫机关进行申报。请问，吴某的说法是否正确？对于来自疫区的货物，工作人员应该如何处理？

案例评析

对于来自疫区的货物，需要接受卫生行政部门的检疫。我国《国境卫生检疫法》第十四条第一款规定：“国境卫生检疫机关对来自疫区的、被检疫传染病污染的或者可能成为检疫传染病传播媒介的行李、货物、邮包等物品，应当进行卫生检查，实施消毒、除鼠、除虫或者其他卫生处理。”同时，《国境卫生检疫法实施细则》第十条规定：“入境、出境的集装箱、货物、废旧物等物品在到达口岸的时候，承运人、代理人或者货主，必须向卫生检疫机关申报并接受卫生检疫。对来自疫区的、被传染病污染的以及可能传播检疫传染病或者发现与人类健康有关的啮齿动物和病媒昆虫的集装箱、货物、废旧物等物品，应当实施消毒、除鼠、除虫或者其他必要的卫生处理。集装箱、货物、废旧物等物品的货主要求在其他地方实施卫生检疫、卫生处理的，卫生检疫机关可以给予方便，并按规定办理。”

由此可知，对于来自疫区的货物，货主必须向相关卫生检疫部门进行报告。作为检疫部门的工作人员，在来自疫区的货物到达口岸时，要进行卫生检查和医学检查。如果入境、出境的交通工具，在入境检疫之前或者在出境检疫之后，擅自上下人员，装卸行李、货物、邮包等物品的，根据该细则第一百零九条和第一百一十条的规定，将被处以警告或者100元以上5000元以下的罚款。在本案中，赵某公司从疫区进口的货物，在到达口岸时，检疫机关应对其进行卫生检查，并做消毒等卫生处理措施。另外，赵某所在公司作为该批货物的货主，应该在货物到达口岸时向卫生检疫机关申报。如果其擅自装卸货物，将会受到行政处罚。

8. 对于出入境的生物制品等特殊物品，需要经过卫生检疫吗？

案情回放

胡某是某大学医学专业的研究生，毕业后，其申请到国外一所大学进修。在国外学习期间，胡某研制出一种药品。一年的学习结束后，胡某准备回国。回国时，胡某便准备将其研究的药品带回国内。但是，在到达国内海关检验口时，胡某所携带的药品被海关工作人员发现，海关人员禁止胡某将药品带入境内。对此，胡某认为海关人员的做法是错误的，其不应该阻止他将药品带回国内。请问，对于出入境的生物制品等特殊物品，是否需要经过卫生检疫？

案例评析

我国《国境卫生检疫法实施细则》第十一条规定："入境、出境的微生物、人体组织、生物制品、血液及其制品等特殊物品的携带人、托运人或者邮递人，必须向卫生检疫机关申报并接受卫生检疫，……凭卫生检疫机关签发的特殊物品审批单放行。"据此可知，对于出入境人员携带的特殊物品，必须向卫生检疫机关申报，否则是不能通关的。在本案中，胡某携带药品入境，其应该提前向卫生检疫机关申报，接受检疫，并凭借检疫机关签发的审批单通关。另外，如果入境人员瞒报禁止进口的特殊物品的，根据该法第一百零九条的规定，其有可能会被处以警告或者100元以上5000元以下的罚款。

9. 对于来自疫区的食品，检疫部门应如何处理？

案情回放

杜某是某市某机场旅客入关负责进行卫生检疫的人员。一天，杜某等人收到通知，称某国暴发了一种流行性传染病，对旅客进行卫生检查时要特别注意。然而，不久后，该机场到达一批某公司从疫区进口的食品。对于这批食品，该公司的负责人托关系找到了杜某。碍于情面，没有经过检疫，杜某便准备让其将货物入关。对此，与杜某一起负责检疫的同事坚决不同意，将此事报告上级。后来，杜某的行为受到处分。请问，对于来自疫区的食品，检疫部门应如何处理？

案例评析

杜某同事的做法是正确的，杜某应当受到行政处分。根据我国《国境卫生检疫法实施细则》第十二条第一款规定："入境、出境的旅客、员工个人携带或者托运可能传播传染病的行李和物品，应当接受卫生检查。卫生检疫机关对来自疫区或者被传染病污染的各种食品、饮料、水产品等应当实施卫生处理或者销毁，并签发卫生处理证明。”据此可知，无论是出境还是入境的物品，如果其来自疫区或者被传染病污染，为了切断病毒传播，该物品就必须接受卫生检查，相关部门的工作人员要对其进行卫生处理或销毁，同时签发卫生处理证明。

在本案中，某公司进口来自疫区的食品，必须接受卫生检疫部门的检疫检查。杜某作为国境卫生检疫机关工作人员，应当秉公执法，忠于职守，对入境、出境的交通工具和人员，及时进行检疫，并根据检查结果实施卫生处理或销毁。杜某违法失职的行为，根据《国境卫生检疫法》第二十三条的规定，应当受到行政处分，如果其情节严重构成犯罪，还会被依法追究刑事责任。

10. 发现传染病疑似病例后，相关部门应该在多长时间内报告？

案情回放

2020年1月，新冠肺炎疫情在中国暴发。同年3月，因政府实施的强有力措施，我国境内的疫情得到控制。然而，就在此时，疫情在很多国家陆续暴发。此种情况下，很多华人华侨以及留学生开始返回国内。郑某是国境卫生检疫机关的工作人员，随着入境人数不断增多，他所面临的工作压力越来越大，不但要履行管控、消毒等责任，还要负责数据报告。郑某作为新入职的工作人员，其并不是很清楚报告传染病病例的程序。请问，在发现传染病疑似病例后，各部门如何进行报告？国境卫生检疫机关应该在多长时间内报告？需要向谁报告？

案例评析

我国《国境卫生检疫法》第五条规定：“国境卫生检疫机关发现检疫传染病或者疑似检疫传染病时，除采取必要措施外，必须立即通知当地卫生行政部门，同时用最快的方法报告国务院卫生行政部门，最迟不得超过二十四小时。邮电部门对疫情报告应当优先传送。中华人民共和国与外国之间的传染病疫情通报，由国务院卫生行政部门会同有关部门办理。”《国境卫生检疫法实施细则》第十五条规定：“在国境口岸以及停留在国境口岸的交通工具上，发现检疫传染病、疑似检疫传染病，或者有人非因意外伤害而死亡并死因不明时，国境口岸有关单位以及交通工具的负责人，应当立即向卫生检疫机关报告。”第十六条规定：“卫生检疫机关发现检疫传染病、监测传染病、疑似检疫传染病时，应当向当地卫生行政部门和卫生防疫机构通报；发现检疫传染病时，还应当用最快的办法向国务院卫生行政部门报告。当地卫生防疫机构发现检疫传染病、监测传染病时，应当向卫生检疫机关通报。”据此可知，国境卫生检疫机关在发现传染病或者疑似病例时，对于不同的部门，法律所规定的时间限制是不同的。

在上面的案例中，郑某作为入关检疫的工作人员，在发现有传染病病例或者疑似传染病病例时，应该马上向相关负责人报告，相关负责人应立即向卫生检疫机关报告。卫生检疫机关应当向卫生行政部门进行报告，同时用最快的方法在二十四小时内向国务院卫生行政部门报告。

11. 卫生检疫机关的职责是什么？

案情回放

徐某参加工作几年后，经过自身努力，进入了国境卫生检疫机关工作，在该部门主要负责卫生检疫工作。2020 年 3 月，由于新冠肺炎疫情在全球范围内暴发，徐某作为检疫机关的人员，接到上级通知，需要对出入境的交通工具的卫生状况进行监督。同时，还需要收集国家传染病的发生情况。对此，徐某并不是很理解，他认为卫生检疫机关只需要对国境口岸的卫生进行监督就可以，收集相关的传染病信息并不是他们的职责。那么请问，卫生检疫机关的职责是什么？徐某的想法正确吗？

案例评析

关于卫生检疫机关的职责，我国《国境卫生检疫法》第十八条规定："国境卫生检疫机关根据国家规定的卫生标准，对国境口岸的卫生状况和停留在国境口岸的入境、出境的交通工具的卫生状况实施卫生监督：（一）监督和指导有关人员对啮齿动物、病媒昆虫的防除；（二）检查和检验食品、饮用水及其储存、供应、运输设施；（三）监督从事食品、饮用水供应的从业人员的健康状况，检查其健康证明书；（四）监督和检查垃圾、废物、污水、粪便、压舱水的处理。"

同时，《国境卫生检疫法实施细则》第十九条也明确规定："卫生检疫机关的职责：（一）执行《国境卫生检疫法》及其实施细则和国家有关卫生法规；（二）收集、整理、报告国际和国境口岸传染病的发生、流行和终息情况；（三）对国境口岸的卫生状况实施卫生监督；对入境、出境的交通工具、人员、集装箱、尸体、骸骨以及可能传播检疫传染病的行李、货物、邮包等实施检疫查验、传染病监测、卫生监督和卫生处理；（四）对入境、出境的微生物、生物制品、人体组织、血液及其制品等特殊物品以及能传播人类传染病的动物，实施卫生检疫；（五）对入境、出境人员进行预防接种、健康检查、医疗服务、国际旅行健康咨询和卫生宣传；（六）签发卫生检疫证件；（七）进行流行病学调查研究，开展科学实验；（八）执行国务院卫生行政部门指定的其他工作。"

同时，《国境口岸卫生监督办法》第二十一条也对国境卫生检疫机关的职责做了相似规定。

从上面的法律规定可以看出，国家卫生检疫机关不仅要对停留在国家口岸的出入境交通工具进行卫生监督，其还有义务收集、整理相关的国际和国境口岸传染病发生的相关情况。在本案中，徐某的想法是错误的，其应当按照上级的安排进行卫生监督和传染病情况报告等工作。

12. 卫生检疫机关在检查时，对于国境口岸、停留的交通工具以及相关从业人员的卫生要求和标准有哪些？

案情回放

小吴是国境卫生检疫部门的工作人员。2020年3月，新冠肺炎疫情在全球范围内暴发，小吴所在的部门接到通知，需要对停靠港口的所有交通工具实施严格的卫生检查工作。由于检查的要求非常严格，小吴的很多朋友都询问他关于国境口岸以及交通工具上的卫生要求，可是，小吴并不能很具体地向大家说明。那么，请问卫生检疫机关在检查时，国境口岸以及停留的交通工具、从业人员的卫生要求和标准有哪些？

案例评析

对于国境口岸的卫生要求，根据我国《国境卫生检疫法实施细则》第一百零五条的规定，对国境口岸的卫生要求是：（1）国境口岸和国境口岸内涉外的宾馆、生活服务单位以及候船、候车、候机厅（室）应当有健全的卫生制度和必要的卫生设施，并保持室内外环境整洁、通风良好；（2）国境口岸有关部门应当采取切实可行的措施，控制啮齿动物、病媒昆虫，使其数量降低到不足为害的程度。仓库、货场必须具有防鼠设施；（3）国境口岸的垃圾、废物、污水、粪便必须进行无害化处理，保持国境口岸环境整洁卫生。

对于国境口岸停留的交通工具的卫生要求，《国境卫生检疫法实施细则》第一百零六条有明确的规定：（1）交通工具上的宿舱、车厢必须保持清洁卫生，通风良好；（2）交通工具上必须备有足够的消毒、除鼠、除虫药物及器械，并备有防鼠装置；（3）交通工具上的货舱、行李舱、货车车厢在装货前或者卸货后应当进行彻底清扫，有毒物品和食品不得混装，防止污染；（4）对不符合卫生要求的入境、出境交通工具，必须接受卫生检疫机关的督导立即进行改进。此外，根据《国境口岸卫生监督办法》第十三条规定，交通工具上的厕所、浴室必须保持整洁，无臭味。该法第十四条还规定了交通工具上的粪便、垃圾、污水处理的卫生要求：（1）生活垃圾应当集中放在带盖的容器内，禁止向港区、机场、站区随意倾倒，应当由污物专用车（船）集中送往指定地点进行无害化处理。必要时，粪便、污水须经过卫生处理后方能排放；（2）来自鼠疫疫区交通工具上的固体垃圾必须进行焚化处理，来自霍乱疫区交通工具上的粪便、压舱水、污水，必要时实施消毒。根据该法第十五条规定，交通工具的货舱、行李车、邮政车和货车的卫生要求是：（1）货舱、行李车、邮政车、货车应当消灭蚊、蝇、蟑螂、鼠等病媒昆虫和有害动物及其孳生条件；在装货前或卸货后应当进行彻底清扫，做到无粪便、垃圾；（2）凡装载有毒物品和食品的货车，应当分开按指定地点存放，防止污染，货物卸空后应当进行彻底洗刷；（3）来自疫区的行李、货物，要严格检查，防止带有病媒昆虫和啮齿动物。对于交通工具上的客舱、宿舱、客车的卫生要求，该法第十六条规定：（1）客舱、宿舱和客车应当随时擦洗，保持无垃圾尘土，通风良好；（2）卧具每次使用后必须换洗。卧具上不得有虱子、跳蚤、臭虫等病媒昆虫。

根据《国境卫生检疫法实施细则》第一百零七条和《国境口岸卫生监督办法》第十九条规定，对饮用水、食品及从业人员的卫生要求：国境口岸和交通工具上的食品、饮用水必须符合有关的卫生标准；国境口岸内的涉外宾馆，以及向入境、出境的交通工具提供饮食服务的部门，营业前必须取得卫生检疫机关发放的卫生许可证；国境口岸内涉外的宾馆和入境、出境交通工具上的食品、饮用水从业人员应当持有有效健康证明；患有肠道传染病的患者或带菌者，以及活动性结核病、化脓性渗出性皮肤病患者，不得从事食品和饮用水供应工作；从事食品、饮用水供应工作的人员，应当每年进行一次健康检查，新参加工作的人员，应当首先进行健康检查，经检查合格者，发给健康证；从事食品、饮用水供应工作的人员，要养成良好卫生习惯，工作时要着装整洁，严格遵守卫生操作制度。

据此可知，对于国境口岸、交通工具及上面的引用水、食品及从业人员必须符合上文的卫生要求，否则，就很可能会被认定为不合格。

13. 国境口岸卫生监督员的职责有哪些？

案情回放

方某是某卫生检疫机关的工作人员，一直负责对出入境旅客的行李进行卫生检疫。后来，由于工作调动，方某更换了工作岗位，成为某市卫生检疫机关的一名监督员，主要负责对该市某口岸的卫生进行监督。但是，方某并不是很清楚卫生监督员主要有哪些职责。一天，由于一艘入境的邮轮上出现乘客食物中毒，上级部门要求方某对该事故进行调查。可是，方某认为这不应该是自己的职责，自己只是负责进行卫生监督。那么，国境口岸卫生监督员的职责有哪些？

案例评析

“卫生监督”是指执行卫生法规和卫生标准所进行的卫生检查、卫生鉴定、卫生评价和采样检验。我国《国境卫生检疫法》第十九条规定：“国境卫生检疫机关设立国境口岸卫生监督员，执行国境卫生检疫机关交给的任务。国境口岸卫生监督员在执行任务时，有权对国境口岸和入境、出境的交通工具进行卫生监督和技术指导，对卫生状况不良和可能引起传染病传播的因素提出改进意见，协同有关部门采取必要的措施，进行卫生处理。”此外，《国境卫生检疫法实施细则》第二十条对于国境口岸卫生监督员的职责做了更为详细的规定，即“国境口岸卫生监督员的职责：（一）对国境口岸和停留在国境口岸的入境、出境交通工具进行卫生监督和卫生宣传；（二）在消毒、除鼠、除虫等卫生处理方面进行技术指导；（三）对造成传染病传播、啮齿动物和病媒昆虫扩散、食物中毒、食物污染等事故进行调查，并提出控制措施。”据此可知，作为国境口岸的卫生监督员，主要有上面法律规定的三项职责。

在本案中，方某作为卫生监督员，其不仅要对出入境交通工具进行卫生监督与卫生宣传，还有义务对相关的事故进行调查。此外，作为卫生监督员需要注意的是，卫生检疫机关工作人员、国境口岸卫生监督员在执行任务时，应当穿着检疫制服，佩戴检疫标志；卫生检疫机关的交通工具在执行任务期间，应当悬挂检疫旗帜。

二　海港、航空、陆地边境检疫

14. 航行中的船舶发现染疫人，船长应当向卫生检疫部门报告吗？

案情回放

小惠是大学生，暑假期间其乘坐邮轮到定居在新加坡的姑姑家玩儿，玩了十多天后，小惠带着姑姑准备的满满一箱礼物登上了回国的邮轮。航行中，小惠在邮轮上的餐厅吃饭，旁边的乘客刘某突然出现不适，同乘的旅客孙某是名医生，立即对刘某进行了检查，孙某检查后认为刘某染上了鼠疫。一个多小时后，与刘某同行中的两人也出现了同样的症状，邮轮工作人员将情况报告给船长。经过船上工作人员的多次查问，刘某承认自己是经医院确诊感染传染病的病人，但为了能回国治疗，刘某才隐瞒了真实情况。孙某告知船长，刘某及其同行人员属于染疫人，而且船上肯定也存在很多染疫嫌疑人，建议船长立即采取措施。那么船舶中出现染疫人，船长应当向卫生检疫部门报告这一情况吗？

案例评析

我国《国境卫生检疫法实施细则》第二条规定，“染疫人”是指正在患检疫传染病的人或者经卫生检疫机关初步诊断，认为已经感染检疫传染病或者已经处于检疫传染病潜伏期的人。“染疫嫌疑人”是指接触过检疫传染病的感染环境，并且可能传播检疫传染病的人。上述案例中患鼠疫的刘某及其同行的两人都属于《国境卫生检疫法》规定的染疫人。

当船舶中发现染疫人，依据《国境卫生检疫法实施细则》第二十四条规定，船长必须立即向实施检疫港口的卫生检疫机关报告。按照法律规定，船长应当报告如下内容：（1）船名、国籍、预定到达检疫锚地的日期和时间；（2）发航港、最后寄港；（3）船员和旅客人数；（4）货物种类；（5）病名或者主要症状、患病人数、死亡人数；（6）船上有无船医。

传染病不同于其他疾病，因其具有传染性，如果处理不当，极易引发传染病的扩散。国际入境的船舶中发现染疫人，如果不及时报告，会造成入境国家人员感染的风险，导致疫情在更大范围内传播。所以，在上述案例中船长发现患有鼠疫的传染病人后，应当立即向入境港口的卫生检疫部门详细报告情况，以便于港口卫生检疫部门及时掌握疫情的具体情况，以制定出有效的应对措施，避免疫情扩散。

15. 船舶在入境前发现有传染病人，在入境检疫前应当如何设置检疫信号？

案情回放

马女士与美国人汉克斯结婚后定居在中国上海生活。每年到12月的时候，马女士都会随同汉克斯到美国的婆婆家过圣诞节。今年马女士与丈夫过完圣诞节后，乘坐邮轮返回上海。当天是元旦，邮轮上为乘客安排了新年狂欢会，马女士与丈夫也参与其中。在晚会进行到一半时，音乐停止，接着船长通过广播告知大家邮轮上出现了十几名传染病人，狂欢会必须立即停止，并让大家有序回到自己的房间。邮轮即将入境，那么在入境前该邮轮应当如何设置检疫信号通知国境口岸并接受查验呢？

案例评析

船舶在入境前应当依据我国《国境卫生检疫法实施细则》第二十五条规定设置检疫信号，告知国境口岸卫生检疫部门船舶的染疫情况，以方便卫生检疫部门进行查验。我们说的国境口岸是指国际通航的港口、机场、车站、陆地边境和国界江河的关口。而“查验”是指国境卫生检疫机关实施的医学检查和卫生检查。像上述案例的入境船舶在入境时都要进行查验，查验前船舶应当按照规定设置明显的检疫信号等候查验。

我国《国境卫生检疫法实施细则》第二十五条规定：“受入境检疫的船舶，必须按照下列规定悬挂检疫信号等候查验，在卫生检疫机关发给入境检疫证前，不得降下检疫信号。昼间在明显处所悬挂国际通语信号旗：（一）‘Q’字旗表示：本船没有染疫，请发给入境检疫证；（二）‘QQ’字旗表示：本船有染疫或者染疫嫌疑，请即刻实施检疫。夜间在明显处所垂直悬挂灯号：（一）红灯三盏表示：本船没有染疫，请发给入境检疫证；（二）红、红、白、红灯四盏表示：本船有染疫或者染疫嫌疑，请即刻实施检疫。”

如果船舶没有按照规定悬挂检疫信号，依据《国境卫生检疫法实施细则》第一百一十条的规定，应对船舶处以警告或者 100 元以上 5000 元以下的罚款。

16. 悬挂检疫信号的船舶停靠港口后，船上人员可以随意离船吗?

案情回放

于某是上海某私企的总经理，某次，于某和助理赵某到澳大利亚参加一次国际商会，洽谈企业合作的事宜。会议结束后，于某乘坐邮轮返回上海。在即将到达上海某港口时，邮轮悬挂了“QQ”字旗，告知港口卫生检疫部门，船上有染疫人员。卫生检疫部门见到标志后，立即采取了措施。邮轮停靠后，于某着急下船，要回到公司报告洽谈的事宜，但被邮轮工作人员制止了。请问，船舶悬挂检疫信号后，船上人员可以随意下船吗?

案例评析

依据我国《国境卫生检疫法》第七条规定，入境的交通工具和人员必须在最先到达的国境口岸的指定地点接受检疫，除引航员外，没有经过国境卫生检疫机关的许可，任何人员都不准上下交通工具，不准装卸行李、货物等。案例中的邮轮悬挂了“QQ”检疫信号，说明入境船舶中有染疫人员。在这种情况下，船舶停靠港口后，船舶上的人员更是不能随意下船。

同时，我国《国境卫生检疫法实施细则》第二十六条规定：“悬挂检疫信号的船舶，除引航员和经卫生检疫机关许可的人员外，其他人员不准上船，不准装卸行李、货物、邮包等物品，其他船舶不准靠近；船上的人员，除因船舶遇险外，未经卫生检疫机关许可，不准离船；引航员不得将船引离检疫锚地。”也就是说，指引船舶安全航行的引航员和卫生检疫机关许可的人可以上下船，其他人只有在船舶遇险的情况下才可以上下船。案例中的于某虽有重要事项向公司汇报，但也只能遵守规定，在船上接受工作人员的安排，不得随意离开。若在船舶入境检疫之前擅自上下人员、装卸行李、货物、邮包等，将会面临处以警告或者 100 元以上 5000 元以下的罚款。

17. 对来自疫区的船舶可以进行夜间检疫吗？

案情回放

非洲某国家的某地区发生黄热病，该地区被黄热病传染的人员已有万人以上。在这个地区，有上百名中国人因疫情无法回国。经过我国外交部门和驻该国大使馆人员的努力，该国同意我国派出一艘邮轮专门来接这些同胞回国。经过两个星期的努力，邮轮载着约四百名我国公民于某天晚间 10 点驶进国内某港口。请问，对来自疫区的船舶可以进行夜间检疫吗？

案例评析

依据我国《国境卫生检疫法》的规定，入境的交通工具和人员必须在指定地点接受检疫。同时，我国《国境卫生检疫法实施细则》第二十九条规定：

“对船舶的入境检疫，在日出后到日落前的时间内实施；凡具备船舶夜航条件，夜间可靠离码头和装卸作业的港口口岸，应实行24小时检疫。对来自疫区的船舶，不实行夜间检疫。”依据条文规定可知，一般情况下，在日出后日落前对入境船舶进行检疫；具备船舶夜航条件，夜间靠离码头的船舶实行24小时检疫。但对来自疫区的船舶不实行夜间检疫。

来自疫区的船舶中很可能存在染疫人、染疫嫌疑人等，在白天对船舶进行检疫更有利于港口卫生检疫部门实施检疫措施，及时发现染疫人或染疫嫌疑人，并对他们进行隔离，即将染疫人收留在指定的处所，限制其活动并进行治疗，起到消除传染病传播的危险。同时，也方便卫生检疫部门采取卫生处理，也就是隔离、留验和就地诊验等医学措施，以及消毒、除鼠、除虫等卫生措施。船舶来自疫区，存在传染病人的概率很高，如果晚上进行检疫，会因为夜晚照明等问题的限制，不能全面、安全地进行检疫，因此我国法律规定对来自疫区的船舶不实行夜间检疫。

18. 船上人员没有经过许可便下船卸行李，应如何处理该船？

案情回放

卢某是某邮轮上的船员，一直随船工作。卢某的朋友高某定居在美国，并于2018年10月与美国人汉斯结婚，2019年10月高某生育一子。某次，卢某随船舶到美国，高某交代卢某从国内购买某品牌奶粉和一些化妆品给她。卢某与高某是老同学，也是好朋友，便爽快地答应了。卢某像往常一样，为登船做准备工作，其中比较重要的部分就是船舶接受卫生检疫部门的查验。在邮轮完成检疫后，卢某在没有得到边检机关允许的情况下，携带奶粉和化妆品上船。卢某的行为被边检机关工作人员查获。那么边检机关会对卢某及该艘邮轮如何处理呢？

案例评析

依据我国《国境卫生检疫法实施细则》第三十五条规定，“对船舶实施出境检疫完毕以后，除引航员和经卫生检疫机关许可的人员外，其他人员不准上船，不准装卸行李、货物、邮包等物品。如果违反上述规定，该船舶必须重新实施出境检疫”。根据条文规定可知，边检机关对船舶完成检疫后是不允许人员随意上船的，也不准装卸行李、货物、邮包等物品。案例中的卢某违反了上述规定，未经许可便携带奶粉和化妆品上船，依据上述条文的规定，应对船舶重新实施出境检疫。同时，根据《国境卫生检疫法实施细则》第一百一十条规定，应对卢某处以警告或者100元以上5000元以下罚款。

19. 飞机在飞行过程中发现传染病人，机长应该怎么做？

案情回放

海某是某国际航班的机长，已经有十几年的驾驶经验。2019年11月，海某像往常一样做好登机准备后，驾驶飞机飞往某国，飞行过程一切顺利。但在飞机返航时，航班接到陆地控制中心的消息，飞机上有一名乘客隐瞒自己患有传染病的事实登上了飞机。此时，飞机即将入境，航班机组人员得知消息后，找到了乘客朱某，发现朱某已经发烧至39度，并有咳嗽等症状。机组人员将这一情况汇报给海某，那么海某该如何处理呢？

案例评析

我国《国境卫生检疫法实施细则》第三十八条规定：“受入境检疫的航空器，如果在飞行中发现检疫传染病、疑似检疫传染病，或者有人非因意外伤害而死亡并死因不明时，机长应当立即通知到达机场的航空站，向卫生检疫机关报告下列事项：（一）航空器的国籍、机型、号码、识别标志、预定到达时间；（二）出发站、经停站；（三）机组和旅客人数；（四）病名或者主要症状、患病人数、死亡人数。”按照上述条文的规定，案例中海某得知飞机上有传染病患者后，应当向入境卫生检疫部门报告上述条文规定的事项，如航空器国籍、机型、机组及旅客人数等，以便入境卫生检疫部门掌握飞机上的详细信息并及时采取防疫措施。

20. 入境旅客未经入境查验可以离开查验场所吗？

案情回放

肖女士在 2019 年 12 月给自己和家人报了一个到泰国 5 晚 6 天的国际旅游团。在泰国游玩 6 天后，肖女士与家人乘坐航班返回中国。在航班入境时，入境旅客需在指定地点接受入境检验。肖女士及家人在泰国游玩了 6 天，已经很疲惫了，还要排队等候查验。肖女士自知没有患上传染病的可能，便想不经查验入境。请问，肖女士及家人未经入境查验可以离开查验场所吗？

案例评析

我国《国境卫生检疫法实施细则》第四十条规定：“入境旅客必须在指定的地点，接受入境查验，同时用书面或者口头回答检疫医师提出的有关询问。在此期间，入境旅客不得离开查验场所。”依据条文规定可知，入境旅客应按照规定接受入境检疫部门的查验，通过书面或者口头回答的方式回答检疫医师的询问，否则不得离开查验场所。案例中，肖女士及家人乘坐航班回国，即使没有患传染病的可能也需要按照规定接受查验。如果不接受则不得离开查验场所。

21. 国际列车上的乘客在没有经过入境卫生检疫机关许可时，可以下车吗？

案情回放

张女士已经加入俄罗斯国籍，定居在俄罗斯的莫斯科，并已经在莫斯科生活了十年。某天，张女士收到国内好友莫某的邀请，到北京某剧院参演一部歌剧。张女士收到邀请函后非常高兴，她很乐意展示自己的歌剧才艺，也十分想念祖国和在祖国的家人、朋友。张女士为了欣赏一下沿途的风景，便选择乘坐火车的方式去往中国。经过了约 6 天的时间，张女士乘坐的列车终于驶进中国境内。因张女士参加歌剧时间比较紧，所以在列车靠站后，便想拿上行李下车。请问，张女士可以未经卫生检疫部门许可便下车吗？

案例评析

我国《国境卫生检疫法实施细则》第四十六条规定："受入境检疫的列车和其他车辆到达车站、关口，在实施入境检疫而未取得入境检疫证以前，未经卫生检疫机关许可，任何人不准上下列车或者其他车辆，不准装卸行李、货物、邮包等物品。"依据上述条文规定可知，在没有经过卫生检疫机关许可的情况下，列车上的人员不准上下列车，也不准装卸行李、货物、邮包等，以避免从列车上带出传染病源。进行卫生检疫查验是入境的必经程序，案例中的张女士来到中国是想参加某剧院的歌剧演出，虽然赶时间，但也需要按照法定程序接受卫生检疫查验。如果张女士未经许可便下了列车，依据《国境卫生检疫法实施细则》第一百一十条的规定，应当对张女士处以警告或者 100 元以上 5000 元以下的罚款。

22. 入境列车中发现传染病人，在卫生检疫机关处理完毕前，列车中的人员可以下车吗？

案情回放

靳某与朝鲜的女士结婚后生下一女萌萌，但因双方生活方式、价值观等的不同，靳某与妻子离婚，并带着女儿萌萌回到中国生活。因女儿想念母亲，靳某便答应女儿带她去朝鲜平壤与母亲团聚。与母亲在平壤游玩 7 天后，靳某与女儿乘坐某列车返回中国。在入境后，卫生检疫机关对列车进行查验，在查验中发现一名乘客患有传染病。列车上的乘客知道消息后，人心惶惶，担心会被传染。靳某想带着女儿直接下车。那么请问，在卫生检疫部门处理完毕前，列车上的人员可以下车吗？

案例评析

我国《国境卫生检疫法实施细则》第四十九条规定："受入境、出境检疫的列车，在查验中发现检疫传染病或者疑似检疫传染病，或者因受卫生处理不能按原定时间发车，卫生检疫机关应当及时通知车站的站长。如果列车在原停车地点不宜实施卫生处理，站长可以选择站内其他地点实施卫生处理。在处理完毕之前，未经卫生检疫机关许可，任何人不准上下列车，不准装卸行李、货物、邮包等物品。为了保证入境直通列车的正常运输，卫生检疫机关可以派员随车实施检疫，列车长应当提供方便。"

依据条文的规定，入境列车首先应当接受卫生检疫机关的查验。案例中的列车在接受查验时，发现传染病人，按照规定卫生检疫机关应通知车站的站长，在停车地点或者其他地点对列车实施卫生处理。在卫生检疫部门处理完毕前，没有经过卫生检疫机关许可的人员不得下车，也不得装卸行李、物品等。列车被查验出有传染病患者，像靳某这样想尽快下车的乘客占绝大多数，但是乘客应当按照法律规定，听从卫生检疫机关人员的安排，不得下车或装卸行李、物品等。

23. 徒步入境的人员，未经入境查验可以离开指定的场所吗？

案情回放

阿尔汉是哈萨克斯坦的一位青年，他喜欢徒步旅行。某天，阿尔汉徒步来到中国边境某入境口岸，想进入中国继续他的徒步之旅。在边境卫生检疫机关的指引下，阿尔汉来到指定场所，等待接受相关的卫生检疫查验。如果阿尔汉入境时没有经过卫生检疫机关的许可，可以离开指定的场所吗？

案例评析

我国《国境卫生检疫法实施细则》第五十一条规定："徒步入境、出境的人员，必须首先在指定的场所接受入境、出境查验，未经卫生检疫机关许可，不准离开指定的场所。"由条文规定可知，我国入境卫生检疫机关会对徒步入境人员进行卫生防疫查验，在查验完成前，入境人员不得离开指定的场所。案例中阿尔汉想到中国境内旅行，在入境时需要接受检疫查验，并且在没有得到卫生检疫机关许可的情况下，阿尔汉不可以离开指定的场所。

三　卫生处理

24. 卫生检疫部门实施卫生处理时应注意哪些事项？

案情回放

韦某通过公务员考试，成为某边境检疫机关的职员，职责是对入境交通工具进行查验，实施卫生处理等。某天，从新加坡开往中国的邮轮即将入境，按照规定，该船需要接受卫生检疫机关的查验，韦某跟随其他工作人员对该船实施卫生处理。因韦某刚刚入职，对工作事项不太熟悉。请问，在对船舶实施卫生处理时韦某应当注意哪些事项？

案例评析

卫生检疫部门实施的“卫生处理”是指隔离、留验和就地诊验等医学措施，以及消毒、除鼠、除虫等卫生措施。卫生处理看似简单，但实际操作起来并非想象中那么容易，它对实施卫生处理的工作人员要求很高，对此我国《国境卫生检疫法实施细则》第五十三条规定：“卫生检疫机关的工作人员在实施卫生处理时，必须注意下列事项：（一）防止对任何人的健康造成危害；（二）防止对交通工具的结构和设备造成损害；（三）防止发生火灾；（四）防止对行李、货物造成损害。”

卫生检疫机关实施卫生处理是为交通工具安全入境做出的必要查验措施，检疫工作人员一方面要避免从交通工具上传播出传染病等，另一方面也要确保被查验人员的身体健康、交通工具的行驶安全等。所以卫生检疫部门的工作人员在实施卫生处理时一定要重视上述法条提到的注意事项。

25. 出境的航班上发现有疑似沾染传染病病毒的物品应当怎么办?

案情回放

陈某大学时因表现优异，获得了去韩国留学的机会。留学期间，陈某学校放假，他便从韩国回到中国的奶奶家。假期结束后，奶奶准备了很多自制的特产，让陈某带去韩国跟同学分享。陈某在出发当日，当地广播电台便报道出现疫情。陈某的航班在出境前由卫生检疫部门进行了卫生处理，结果发现陈某携带的特产沾染上了传染病的病毒。请问，这种情况该如何处理?

案例评析

依据我国《国境卫生检疫法实施细则》规定，出入境的交通工具应当接受卫生检疫部门的查验。该法第五十四条规定:“入境、出境的集装箱、行李、货物、邮包等物品需要卫生处理的，由卫生检疫机关实施。入境、出境的交通工具有下列情形之一的，应当由卫生检疫机关实施消毒、除鼠、除虫或者其他卫生处理:(一)来自检疫传染病疫区的;(二)被检疫传染病污染的;(三)发现有与人类健康有关的啮齿动物或者病媒昆虫，超过国家卫生标准的。”

根据条文规定可知，案例中陈某携带的特产被查验出沾染上了传染病的病毒，且陈某是从奶奶家出来的，在他出来后当地便被报道出疫情。对这一情况，卫生检疫机关应当按照上述条文的规定，对陈某乘坐的航班实施消毒等卫生处理。

26. 出境船舶上有因病而亡的尸体，该如何处理?

案情回放

日本明星杉山香来到中国参加某综艺节目，拍摄完成后因非常喜欢中国文化，便准备停留在中国继续游玩两个星期。在游玩的过程中，杉山香因突发心脏病，后经抢救无效死亡。杉山香的家人听闻噩耗，从日本来到中国，想把女儿的尸体运送回日本。杉山香的家人办理了相关手续，便准备乘船运送杉山香的尸体回国。在出境前，该船需接受卫生检疫部门的查验。请问，船舶上有因病而亡的尸体该如何处理？

案例评析

我国《国境卫生检疫法实施细则》第五十七条规定："入境、出境的尸体、骸骨托运人或者代理人应当申请卫生检疫，并出示死亡证明或者其他有关证件，对不符合卫生要求的，必须接受卫生检疫机关实施的卫生处理。经卫生检疫机关签发尸体、骸骨入境、出境许可证后，方准运进或者运出。对因患检疫传染病而死亡的病人尸体，必须就近火化，不准移运。"

由条文规定可知，对运送尸体、骸骨等的交通工具，我国《国境卫生检疫法实施细则》做出了比较严格的检疫程序。案例中，杉山香的家人如果要将尸体运送回国，应当依照规定出示死亡证明或者其他相关证件，符合卫生要求的，可以运送出境；若不符合卫生要求，则需要接受卫生检疫机关进行的卫生处理，合格后可获准运出。如果是因为传染病而死亡的病人尸体，必须就近火化，不允许移送。如果杉山香家人违反规定擅自移运尸体，将会面临 1000 元以上 10000 元以下的罚款处罚。

27. 已经实施过卫生处理的交通工具，什么情况下会被再次实施卫生处理？

案情回放

李某到意大利出差半个多月，因为意大利暴发传染病，该传染病的潜伏期为 5 天到 10 天，意大利下发文件要求所有出入的人员必须自行隔离 10 天才允许出入境。李某居家隔离 10 天后便乘坐航班从意大利飞往中国，该航班到达中国境内后由入境卫生检疫机关对飞机实施了卫生处理。在卫生检疫部门进行卫生处理后，意大利机场工作人员向中国机场发来消息，意大利某一确诊患者，其潜伏期达到了15天。我国入境检疫部门得知情况后，认为需要再次对该航班进行卫生处理。请问，有必要重复对航班进行卫生处理吗？

案例评析

我国《国境卫生检疫法实施细则》第五十八条规定："卫生检疫机关对已在到达本口岸前的其他口岸实施卫生处理的交通工具不再重复实施卫生处理。但有下列情形之一的，仍需实施卫生处理：（一）在原实施卫生处理的口岸或者该交通工具上，发生流行病学上有重要意义的事件，需要进一步实施卫生处理的；（二）在到达本口岸前的其他口岸实施的卫生处理没有实际效果的。"由条文规定可知，一般情况下已经接受卫生检疫机关实施卫生处理的交通工具不需要重复实施，但法条也规定了例外情况。

上述案例中，李某乘坐的航班中的人员均是从意大利出境的，而意大利暴发了传染病，该传染病潜伏期为5天到10天，一般情况下隔离10天的人员没有出现病症就没有染上传染病的风险。但意大利出现了一名15天以后才发病的患者，这就延长了传染病的潜伏期。中国入境卫生检疫部门已经对航班进行了卫生处理措施，但因出现新的情况，可能会导致原卫生处理措施不能达到实际效果，故应当依照法律规定再次对航班进行卫生处理。

28. 在入境的交通工具上发现反常死亡的啮齿动物的，该如何处理？

案情回放

艾琳的父母都是英国人，于2011年开始定居在中国生活，艾琳也出生在中国。某年暑假，艾琳回到英国度假，她通过视频聊天的方式与中国的同班同学黄某保持联系。在视频聊天时，艾琳给黄某看了姑姑送给她的龙猫，并告诉黄某要把龙猫带回中国。假期结束后，艾琳及父母乘坐飞机回中国。航班接受入境卫生检疫时发现艾琳拖运的龙猫已经死亡，但龙猫死因不明。这种情况下，该怎么处理？

案例评析

我国《国境卫生检疫法实施细则》第五十九条规定："在国境口岸或者交通工具上发现啮齿动物有反常死亡或者死因不明的，国境口岸有关单位或者交通工具的负责人，必须立即向卫生检疫机关报告，迅速查明原因，实施卫生处理。"

由条文规定可知，交通工具上发现啮齿动物有反常死亡或者死因不明的情况，国境口岸的工作人员或者交通工具的负责人应当立即向卫生检疫部门报告情况，以便查明原因并及时实施卫生处理。案例中艾琳托运的龙猫在运输途中死亡，且死亡原因不明，不排除存在传播传染病的风险。所以在入境时应当由国境口岸的工作人员或者航班的机长立即向卫生检疫部门报告这一情况，以便卫生检疫部门及时采取防疫措施，避免出现传播传染病的情况。

29. 国际航行的船舶免予除鼠证书的时效是多久？

案情回放

关某是我国某国际邮轮的船长，他从事航行工作已十年有余，从事国际航行也有五年的时间了。两个月前，关某新收了一名学徒杜某。某次，该国际邮轮将从中国出境到澳大利亚。依照规定，关某应当向卫生检疫机关申请鼠疫检查，于是他让杜某帮忙处理一些检查申请事项。杜某找到了上一次申请的相关材料的复印件，询问关某：今年已经申请过鼠疫检查，为什么还要再次申请呢？

案例评析

我国《国境卫生检疫法实施细则》第六十条规定："国际航行船舶的船

长，必须每隔6个月向卫生检疫机关申请一次鼠患检查，卫生检疫机关根据检查结果实施除鼠或者免予除鼠，并且分别发给除鼠证书或者免予除鼠证书。该证书自签发之日起6个月内有效。”

依据上述条文可知，国际航行的船舶应当每隔6个月向卫生检疫部门申请一次鼠患检查，船舶在满足《国境卫生检疫法实施细则》第六十一条规定的情况下，由卫生检疫部门发给免予除鼠证书，证书的有效期自签发之日起6个月内有效。因此，案例中杜某应当按照关某的嘱咐准备相关的材料，以便向卫生检疫部门申请鼠患检查。符合规定的情况则可以获得免予除鼠证书。若不符合规定的情况，则依照《国境卫生检疫法实施细则》第六十二条的规定对船舶进行鼠患检查或者除鼠。

四　检疫传染病管理

30. 如何判定船舶上是否发生了鼠疫？

案情回放

1987年9月10日，22岁的约翰登上了一艘名为“某某舰”号的商船，从意大利出发，途经摩洛哥，到达法国，最终于同年9月21日在勒阿弗尔港口靠岸。令人震惊的是，当船舶靠岸时，约翰开始高烧不退，而且浑身上下长满了黑色的大疱，并开始流出脓血。随后，身边陆续有一些船员、乘客开始头痛、呕吐不止，伴有高热不退，严重的已经开始意识模糊，他们的身上也开始长流脓的黑色大疱。后来，人们在船舱和甲板上发现了大量染上瘟疫的野鼠。那么，判定一艘船舶感染了鼠疫应该满足哪些条件呢？

案例评析

数百年前，鼠疫以“黑死病”之名将瘟疫传遍整个欧洲，感染上鼠疫的人几天之内就会死亡，欧洲因为感染鼠疫死亡了近一半的人口，而且这种可怕的瘟疫每几十年就要复发一次。即使到现在，人类也没有彻底摆脱鼠疫的困扰，在我国，鼠疫在法定传染病中位居第一，是名副其实的传染病之首。

鼠疫经常通过船舶、航空器等交通工具传播。2019年修正的《国境卫生检疫法实施细则》第二条规定：“《国境卫生检疫法》和本细则所称……‘交通工具’指船舶、航空器、列车和其他车辆……”那么，如何判断船舶、航空器是否感染了鼠疫呢？我国《国境卫生检疫法实施细则》第六十八条规定：

"鼠疫的潜伏期为6日。"第六十九条规定："船舶、航空器在到达时，有下列情形之一的，为染有鼠疫：（一）船舶、航空器上有鼠疫病例的；（二）船舶、航空器上发现有感染鼠疫的啮齿动物的；（三）船舶上曾经有人在上船6日以后患鼠疫的。"同时，该实施细则第七十条还规定："船舶在到达时，有下列情形之一的，为染有鼠疫嫌疑：（一）船舶上没有鼠疫病例，但曾经有人在上船后6日以内患鼠疫的；（二）船上啮齿动物有反常死亡，并且死因不明的。"

由此可见，我国法律法规对于判定船舶、航空器"染有鼠疫"和"染有鼠疫嫌疑"做了明确界定和区分。在上述案例中，"某某舰"号商船上发现了鼠疫病例，并且在甲板和船舱里也发现了感染鼠疫的啮齿动物，符合我国《国境卫生检疫法实施细则》第六十九条的规定，应当判定该商船染有鼠疫。

31. 对于可能染有鼠疫的船舶、航空器应当如何处理？

案情回放

2019年11月1日凌晨，某某机场出入境检验检疫旅检科办公室里响起一阵急促的电话铃声："我们在飞机卸货仓发现一只老鼠，是活的！"值班人员接报之后迅速采取行动，第一时间定位申报情况的航班CA××-86××。飞机降落后，检验检疫人员立即登机，关闭卸货仓，组织飞机上的乘客有序撤离并接受检验登记。23个小时之后，应急工作小组在粘鼠板上看到了这只已经死亡的老鼠。抓捕到老鼠之后，工作人员将它送进了检验检疫部门的实验室，检测报告显示，这只老鼠为雄性，体内无寄生虫，病原体检测鼠疫显示为阴性。那么，对于这架飞机上出现老鼠的情况，相关人员的处理方式是正确的吗？正确的处理方式又是怎样的呢？

案例评析

飞机等航空器上出现活鼠是一件非常危险的事情，活鼠不仅可能会啃咬飞机线路或者管道，直接威胁飞机安全，而且老鼠作为啮齿类动物极易携带病原体，走到哪里就将病毒传播到哪里，还可能会带来可怕的鼠疫。对于可能染有鼠疫的船舶或者航空器等不能掉以轻心，根据我国《国境卫生检疫法实施细则》第七十一条的规定："对染有鼠疫的船舶、航空器应当实施下列卫生处理：（一）对染疫人实施隔离；（二）对染疫嫌疑人实施除虫，并且从到达时算起，实施不超过 6 日的就地诊验或者留验。在此期间，船上的船员除因工作需要并且经卫生检疫机关许可外，不准上岸；（三）对染疫人、染疫嫌疑人的行李、使用过的其他物品和卫生检疫机关认为有污染嫌疑的物品，实施除虫，必要时实施消毒；（四）对染疫人占用过的部位和卫生检疫机关认为有污染嫌疑的部位，实施除虫，必要时实施消毒；（五）船舶、航空器上有感染鼠疫的啮齿动物，卫生检疫机关必须实施除鼠。如船舶上发现只有未感染鼠疫的啮齿动物，卫生检疫机关也可以实施除鼠。实施除鼠可以在隔离的情况下进行。对船舶的除鼠应当在卸货以前进行；（六）卸货应当在卫生检疫机关的监督下进行，并且防止卸货的工作人员遭受感染，必要时，对卸货的工作人员从卸货完毕时算起，实施不超过 6 日的就地诊验或者留验。"

同时，该实施细则第七十二条规定："对染有鼠疫嫌疑的船舶，应当实施本细则第七十一条第（二）至第（六）项规定的卫生处理。"

由此可见，在前面的案例中，该架航班应当严格按照法定程序办事，进行严格的卫生处理，最大限度地排除或者降低鼠疫等传染病带来的危害。

32. 霍乱染疫及有染疫嫌疑的船只，应当如何实施卫生处理？

案情回放

1994 年 7 月的一天，在我国某沿海城市的一个渔村发现了一例霍乱病人贾某某，贾某某是在渔船上发现有严重的腹泻、呕吐症状的，经过医生初步诊断为霍乱，这是 20 世纪 80 年代以来在该村发生的第三个霍乱病例。经过调查，该村设有多个捕捞社，共有船只 200 余条，其中，机船 141 条，帆船 72 条。渔民们出海捕鱼就像是家常便饭，经常来往于疫点，存在将霍乱向外传播的高度危险。而且所有船只的卫生条件极其恶劣，船上没有安装专用马桶，普遍存在往水中大小便的现象。那么，对于这种染有霍乱或者染有霍乱嫌疑的船只，应当如何进行卫生处理呢？

案例评析

霍乱是一种病菌引起的肠道疾病，具有易传染、发病快、死亡率高的特点，而且霍乱还有潜伏期，根据我国《国境卫生检疫法实施细则》第七十五条的规定："霍乱潜伏期为5日。"全球估计每年有20万余人死于霍乱。

那么，怎样判断船只是否染有霍乱和染有霍乱嫌疑呢？我国《国境卫生检疫法实施细则》第七十六条规定："船舶在到达的时候载有霍乱病例，或者在到达前5日以内，船上曾经有霍乱病例发生，为染有霍乱。船舶在航行中曾经有霍乱病例发生，但是在到达前5日以内，没有发生新病例，为染有霍乱嫌疑。"在上述案例中，渔民贾某某在船只到岸的时候染上了霍乱，该船只应当界定为染有霍乱的船只。那么，对于霍乱染疫、染疫嫌疑的船只，应当进行哪些卫生处理呢？该实施细则第七十八条规定："对染有霍乱的船舶、航空器，应当实施下列卫生处理：（一）对染疫人实施隔离；（二）对离船、离航空器的员工、旅客，从卫生处理完毕时算起，实施不超过5日的就地诊验或者留验；从船舶到达时算起5日内，船上的船员除因工作需要，并且经卫生检疫机关许可外，不准上岸；（三）对染疫人、染疫嫌疑人的行李，使用过的其他物品和有污染嫌疑的物品、食品实施消毒；（四）对染疫人占用的部位，污染嫌疑部位，实施消毒；（五）对污染或者有污染嫌疑的饮用水，应当实施消毒后排放，并在储水容器消毒后再换清洁饮用水；（六）人的排泄物、垃圾、废水、废物和装自霍乱疫区的压舱水，未经消毒，不准排放和移下；（七）卸货必须在卫生检疫机关监督下进行，并且防止工作人员遭受感染，必要时，对卸货工作人员从卸货完毕时算起，实施不超过5日的就地诊验或者留验。"

由此可见，对于案例中这只染有霍乱的渔船，应当按照法定程序及时进行人员隔离、就地诊验或留验、消毒等工作，以最大限度地切断霍乱的传播途径，降低霍乱带来的损失和危害。

33. 什么情况下航空器应认定为染有黄热病？

案情回放

2016 年 5 月 12 日晚 19 点，某市某某医院收治了一位特殊的病人，病患为高某，男，43 岁，主要病症为高热、头痛，出现尿蛋白黄疸。经过医院专家诊断和疾控中心检测，高某的核酸检测报告初筛为阳性，后经过中国疾控中心复核检测仍显示为阳性，高某最终确诊为黄热病患者。经过了解，高某是一位商人，常年在某国的首都某某市做生意，5 月 12 日 11：30 从某国某某市登机回国，乘坐航班为 TAW×1×，在乘机过程中开始出现高热不退的现象。飞机降落目的地后，高某主动到附近医院进行就诊。经过了解，高某的出发地某国某某市为黄热病疫区，但是高某到达机场时，机场检疫人员并没有及时对他进行检疫。那么，高某所乘坐的航班是否属于染有黄热病的航空器呢？机场检疫人员的行为是否属于失职呢？

案例评析

我国《国境卫生检疫法实施细则》第八十五条规定：“来自黄热病疫区的人员，在入境时，必须向卫生检疫机关出示有效的黄热病预防接种证书。对无有效的黄热病预防接种证书的人员，卫生检疫机关可以从该人员离开感染环境的时候算起，实施 6 日的留验，或者实施预防接种并留验到黄热病预防接种证书生效时为止。”同时，该实施细则第八十六条规定：“航空器到达时载有黄热病病例，为染有黄热病。”第八十七条规定：“来自黄热病疫区的航空器，应当出示在疫区起飞前的灭蚊证书；如果在到达时不出示灭蚊证书，或者卫生检疫机关认为出示的灭蚊证书不符合要求，并且在航空器上发现活蚊，为染有黄热病嫌疑。”

由此可见，在上述案例中，高某乘坐的航班TAW×1×在到达我国机场时，因载有黄热病病例高某，依法属于染有黄热病的航空器，并且该架航班来自黄热病疫区，应当主动出示在疫区起飞前合格的灭蚊证书，以排除黄热病染疫的嫌疑。

另外，《国境卫生检疫法》第二十三条规定："国境卫生检疫机关工作人员，应当秉公执法，忠于职守，对入境、出境的交通工具和人员，及时进行检疫；违法失职的，给予行政处分，情节严重构成犯罪的，依法追究刑事责任。"

由此可见，高某来自黄热病疫区，国境卫生检疫人员应当及时对其进行严格的检疫和登记，但事实上在高某到达我国国内机场时，检疫人员并没有对他进行检疫，属于违法失职的行为，应当受到相应的追责和处罚。而高某本人明知自己来自疫区，在入境时，必须向卫生检疫机关出示有效的黄热病预防接种证书。

34. 对黄热病的染疫船舶、航空器，应当如何进行卫生处理？

案情回放

1975年5月的一天，一艘来自西印度洋群岛的船只在美国某市港口登陆，不仅导致全船的人员感染黄热病，而且累及了美国某市成千上万名的群众，其中有近三千人在这场传染病中丧生。后经过调查，这只来自西印度洋群岛的船上搭载了数名黄热病患者，而其在靠岸时没有及时进行卫生处理，这才导致黄热病毒在美国某市迅速蔓延的悲剧。那么，如果在我国，对于黄热病染疫的船舶或者航空器，应当如何进行卫生处理呢？

案例评析

黄热病属于《国际卫生条例》规定的需国际检疫的传染病之一，主要分布在热带地区，传播速度极快，尤其是在船舶、航空器等相对封闭的环境中，如果没有进行及时且严格的卫生处理，后果不堪设想。根据我国《国境卫生检疫法实施细则》第八十九条规定："对染有黄热病的船舶、航空器，应当实施下列卫生处理：（一）对染疫人实施隔离；（二）对离船、离航空器又无有效的黄热病预防接种证书的员工、旅客，实施本细则第八十五条规定的卫生处理；（三）彻底杀灭船舶、航空器上的埃及伊蚊及其虫卵、幼虫和其他黄热病媒介，并且在没有完成灭蚊以前限制该船与陆地和其他船舶的距离不少于400米；（四）卸货应当在灭蚊以后进行，如果在灭蚊以前卸货，应当在卫生检疫机关监督下进行，并且采取预防措施，使卸货的工作人员免受感染，必要时，对卸货的工作人员，从卸货完毕时算起，实施6日的就地诊验或者留验。"

本法第九十条规定："对染有黄热病嫌疑的船舶、航空器，应当实施本细则第八十九条第（二）至第（四）项规定的卫生处理。"

由此可见，在上述案例中，该船只载有数名黄热病患者，属于黄热病染疫船舶，应在到达时第一时间对染疫人员进行隔离处理，对离船乘客进行检查，查看是否有有效的预防接种证书，无证人员必须依法进行严格的卫生处理。此外，还要对船只进行除虫等防疫措施，对卸货人员做好防护、就地诊验或者留验等工作。

35. 传染病监测的对象和内容是什么？

案情回放

今年3月初，小张考取了某市出入境检验检疫局的一个岗位，负责出入境传染病监测工作。作为一名出入境检验检疫机构的工作人员，不仅需要对出入境人员进行体检等监测，还要负责出入境动植物及其产品和其他检疫物的检验检疫和监督管理等。有一次，小张值班时，在一位乘客的行李中发现了一只活鼠，工作人员立即对该名乘客进行检疫工作，但是该乘客态度恶劣，声称自己有人身自由权，拒绝接受检疫。那么，该名乘客是否属于传染病监测的对象呢？其抗拒检疫的行为是否违法呢？

案例评析

我国法律对传染病的监测内容和对象，都有明确的法律规定。根据我国《国境卫生检疫法实施细则》第九十七条的规定："入境、出境的交通工具、人员、食品、饮用水和其他物品以及病媒昆虫、动物，均为传染病监测的对象。"同时该实施细则第九十八条规定："传染病监测内容是：（一）首发病例的个案调查；（二）暴发流行的流行病学调查；（三）传染源调查；（四）国境口岸内监测传染病的回顾性调查；（五）病原体的分离、鉴定，人群、有关动物血清学调查以及流行病学调查；（六）有关动物、病媒昆虫、食品、饮用水和环境因素的调查；（七）消毒、除鼠、除虫的效果观察与评价；（八）国境口岸以及国内外监测传染病疫情的收集、整理、分析和传递；（九）对监测对象开展健康检查和对监测传染病病人、疑似病人、密切接触人员的管理。"

由此可见，入境的乘客依法当然属于传染病监测的对象。并且，乘客的行李中藏有活鼠，极有可能携带鼠疫病毒，因此该名乘客必须接受检疫，其恶意抵抗检验检疫的行为是违法的，根据我国《国境卫生检疫法实施细则》第一百零九条第三项的规定，拒绝接受检疫或者抵制卫生监督，拒不接受卫生处理的，应当受行政处罚。

根据《国境卫生检疫法实施细则》第一百一十条第一款的规定："具有本细则第一百零九条所列第（一）至第（五）项行为的，处以警告或者 100 元以上 5000 元以下的罚款。"因此，鉴于该名乘客拒绝接受检疫的行为，应当对他处以警告或者 100 元以上 5000 元以下的罚款。